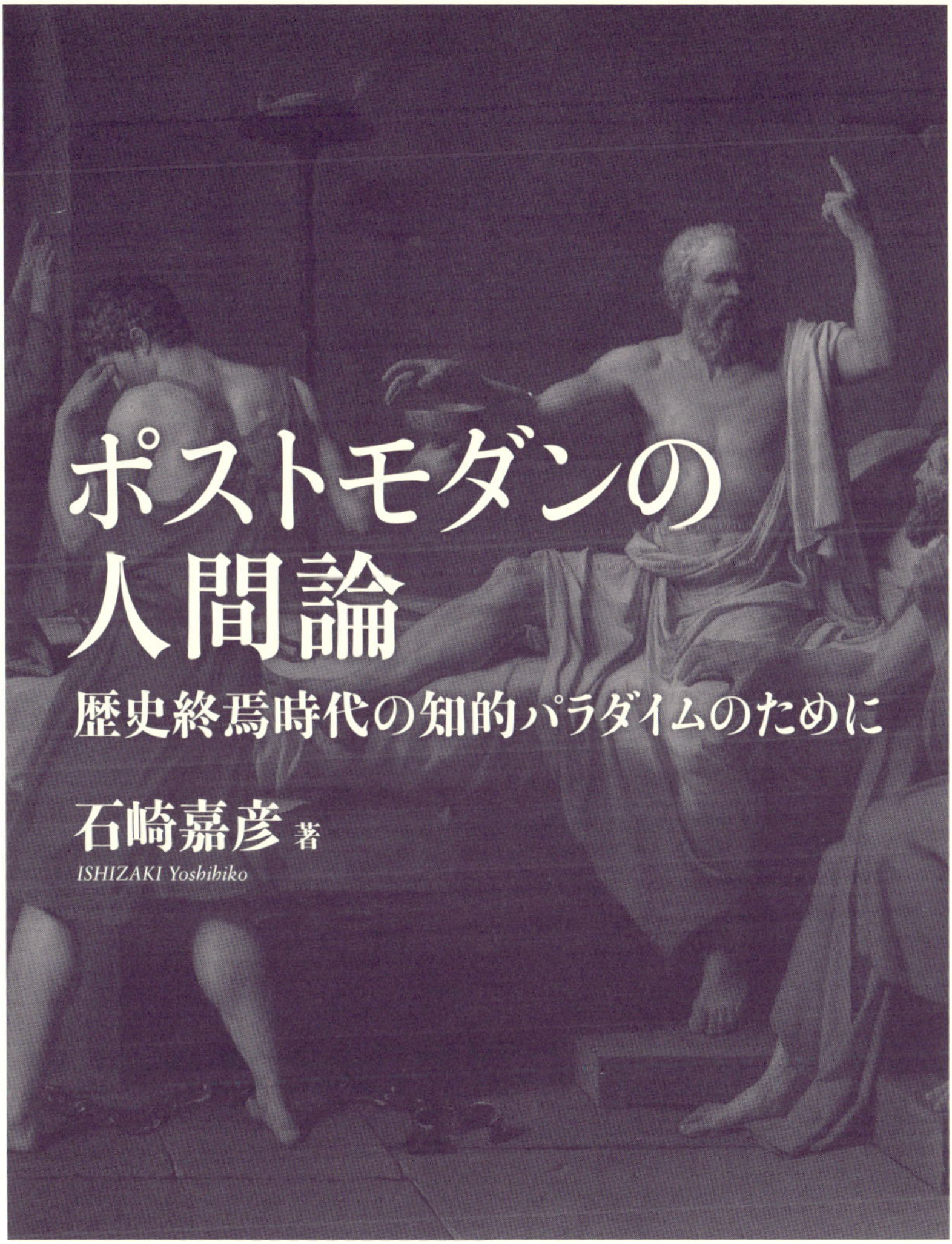

ポストモダンの人間論

歴史終焉時代の知的パラダイムのために

石崎嘉彦 著

ISHIZAKI Yoshihiko

ナカニシヤ出版

まえがき

本書で論じようとされている事柄は、以下のように要約できる。すなわち第一に、近代性を導いた合理性はその内的必然性によって非合理的なものを生み出さざるを得ないこと、あるいは近代性は非合理的な世界を産出せざるを得ないであろうということである。そしてそうであるがゆえに第二に、現下の状況とその中で生じてくる諸問題を突き動かしている論理を見定め、その上でその問題にいかに対処すべきかを再考しなければならないということである。さらに第三に、そのようなポストモダン的状況を超え出るために「倫理的パラダイム」からする新たな合理性概念が必要とされることを確認し、そのような合理性概念の輪郭を提示するということである。

そのような議論を展開するに当たって、まず以下のことを確認しておきたい。すなわちこれからの議論が、二十世紀に亡命先のアメリカで、プラトンと『聖書』からハイデガーに至るまでの西洋哲学の伝統の深みを読み解く中から、自らの哲学的思索を深めるとともに哲学の教育に携わったレオ・シュトラウス政治哲学のパースペクティヴからの思索によって展開されるということ、をである。

そのシュトラウスのパースペクティヴを特徴づけるものとして、近代性批判と古典回帰、そしてそれを可能にした秘教主義《エソテリシズム》の独特の理解とその元にあるユダヤ的伝統との関わりなどがあることについては、これまで多くの論者によって、しばしば指摘されてきた。ところが最近になって次第に論じられるようになってきたものの、これまではどこか正面から取り上げられることが回避されていたようにも見える視点、すなわちシュトラウスのポストモダン的思想家としての面に、ここでは特に注意を向けることになる。そこから本書の議論では、とりわけ彼のパースペクティヴからポストモダン的世界を読み解くことが目指される。言い換えればポストモダン的思想としてのシュトラウス思想とその視点から、近代的世界とポストモダン的世界の諸問題を読み解こうとするものである。

シュトラウスの議論は、一見すると、もっぱら古典古代に焦点が向けられているように見える。そのため彼の思想が現代の問題を読み解くのに役立つなどと言っても、おそらくにわかには信じられないであろう。しかしシュトラウスの議論は、彼自らがその過去の思想の歴史的研究を「無欲で求道者的な骨董趣味」や「忘我的で自己陶酔的なロマンティシズム」からではなく、「われわれの時代の危機」からそれを行なっているのだ、と述べていることからも明らかなように、近代性の危機と近代以後の人間的生のための議論であることは言うまでもない。[1]

シュトラウス政治哲学をポストモダンの議論として正面から取り上げることがあまり試みられなかったのは、そのような仕方でシュトラウスを読むことが軽視されたからとか無視されたからというわけではなく、むしろ彼の書いたものが、その弟子たちはともかくとして、彼の周縁にいた知識人をも含めて読者を選別するものであったからであろう。とりわけ彼の著作にはそれを潜り抜けることなしには理解されないある種の障碍が一般の読者に対して設けられているのである。

シュトラウスを反近代あるいは古代人と見る見方が支配的であったことや、シュトラウスの古典回帰のインパクトが強烈すぎたことなどに加え、彼の研究対象がこれまでの哲学史の主流から逸れていたこと、そしてそのために彼の思想をめぐる議論までもが偏ったものとならざるを得なかったことなども、理解を妨げた要因であると思われる。つまりほとんどの人の目からすれば、マイモニデスで現代の問題が解決されるとは、どうしても考えられないのである。にもかかわらずシュトラウスの議論は晩年になるにしたがってますますマイモニデスからさらに遡ってクセノフォンやプラトンのような古典古代の人物を対象とする研究に向かっていく傾向を強めた。こういったことも、人々がシュトラウス思想を近代と近代以後から切り離すのに、十分すぎるほどの理由となったように思われる。

さらには彼の研究対象がマイモニデスやファーラービーのようなキリスト教の伝統の主流から外れたユダヤやイスラムの宗教と関わりのある哲学的思想であったということも、彼の思想から人々を遠ざけることに一役買ったと言えるであろう。いずれにせよ彼の思想が近代の自然と社会の科学とは異質の次元で行なわれた哲学的思索によるものであったことによって、彼の思想をめぐる議論もまたわれわれの時代とその時代の生についての議論から遠く隔たった地平のものとならざるを得なかったことは、否定できないであろう。

ところがシュトラウスは、ベルリンの「ユダヤ学研究アカデミー」時代に受けたニーチェ(2)からの霊感を、生涯にわたって自らの問題意識の中に育み続けた、そういったタイプの人物であった。彼はまた、「人力をもっては解決不可能な問題の典型である」「ユダヤ人問題[3]」の解決を、古典的な知の枠組みとも近代的な知のそれとも区別される地平で試みようとした。つまりその解決を、ポストモダンの地平で試みようとした人物なのであった。ある意味では、彼の思考は、最初から「人間的あまりに人間的」であろうとしたポストモダン人をさえ超える地平、あるいは近代（モダン）の数歩先に足を踏み入れ、ポストモダン人をさえ低く見る「超人」の地平で行なわれたものであった。

ポストモダン思想家としてのシュトラウスの思考を範として試みられるこの企ては、それゆえポストモダン的地平で生じてくる人間的諸問題に対して、近代性を脱構築する理性でもって対決する試み、ということになる。したがって本書は、そのようなポストモダン的シュトラウス、あるいはポストモダン時代に蘇ったシュトラウスならば論じるかもしれないと思われる議論を提供しようとする試み、ということになる。

ポストモダンを考慮に入れて行なわれたと思われる議論は、実際にシュトラウスの議論の中にも見られる。シュトラウスは一九五〇年代の半ばに当時の社会科学の現状を討議するために開かれた学会での講演で、「自らの人間的な（humane）社会科学のヴィジョン[4]」について語ったことがある[5]が、その中で彼は、「人間論（humanism）は今日一方では科学（science）との、他方では市民の術（civic art）との対比から理解される[6]」と述べている。差し当たっては、これから論じられようとしている人間論を、ここで言われている「人間的な社会科学」を言い換えたものと解しておけばよいと言っておこう。

そのように呼ぼうとしている「人間論」において、「サイエンス」の訳語である「科学」が外されているのは、以下に述べるように、それが近代においてはあまりに「幾何学的」あるいは「数学的」思考法と強く結び付けられすぎているためである。またその用語から「社会」の語が外されているのは、「社会」の概念が「科学」とともに登場することになった近代的用語法によるものだからである。要するにこれからの議論では、それに冠せられる名称からそれら二つの語に含意されるものが外されることになるのだが、そうすることによって、この書で展開されることになる「人間論」が、いわゆる「社会科学」を超えたいっそう普遍的なレヴェルでの人間の共同性に関しての議論であることが言い表わされていることになる。

そのような形で論じられる「人間論」は、ちょうどプラトンの『法律』篇の対話の中心的人物である「アテナイ人」の立場からの議論であるということができるかもしれない。というのもそこでの「アテナイ人」の議論は、代表的な二つの政治的世界（アテナイすなわち民主制とラケダイモン（スパルタ）すなわち全体制）から距離をおいた、どちらかと言えば伝説的で過去との繋がりを連想させるとともにまた未来の都市とも解されうる都市（クレテ）、つまり一種の原初のユートピア的な都市で行なわれた議論となっているからである。

その議論は、現実の人間的生に関連する問題をめぐって交わされた対話の中で論じられるものであるが、その対話の場面と話題は、これからの「人間論」の時代状況とテーマとほぼ重なり合う。つまりわれわれの「人間論」が取り扱うテーマは、「学」や「知」、「法」や「正義」、あるいはまた「共同性」「善」「神」といった諸問題であるが、それらのテーマはプラトンの描いた「アテナイ人」が議論したテーマと共通するものがあり、またそれらの諸問題が論じられる地平はもちろんポストモダンの可想的地平でなければならないが、この地平もまたアテナイからの客人が議論したところと、二千数百年の隔たりにもかかわらず、ポリスつまり「国家」を超えた地平という意味から見事に重なり合うのである。つまりそこでのプラトンはポストモダン的でさえあるのである。

プラトンをポストモダン的に読もうとした人物に、第一世代のシュトラウシアンに数え挙げられるスタンレー・ローゼンがいる。ここでの試みは、そのローゼンの行なった議論に共通するものがあると言えるかもしれない。ローゼンは、シカゴ大学でシュトラウスの薫陶を受け、その思考と著述のスタイルを引き継いでヘーゲル、ニーチェ、プラトンなどの哲学・思想の解釈、分析哲学と解釈学の批判などを内容とする哲学的研究書を数多く著わした哲学者である。しかし彼もまた、直接的なシュトラウスのテクストを研究するというよりも、シュトラウスの思想の全体を自らのものとしながら、それを糧としつつかつその視点から、過去の思想家たちの研究と近代性批判を展開した。その点ではこれからの試みは、この第一世代のシュトラウシアンの試みと通じるところがあるといえよう。

ローゼンはかつて自らの手による二十世紀の哲学的思想の総決算とも言いうる書物において、「プラトンは「近代人」であって「古代人」ではなかったのだ」[7]と述べたことがあった。その際彼は、人々によって「ポストモダン」と呼ばれている現代を「近代（モダン）」の延長であると考え、それを「古代」に対質的なものと捉え、かつ古代人プラトンの哲学的言説の中に近代の次なる語の本来の意味での「ポストモダン」の論理たる真の意味で哲学の論理を見ていた。もしわれわれが、二十一世紀的現在を「ポストモダン」と見なすなら、この見方からすれば、プラトンの中にモダンを超える論理の所持者、つまり「ポストモダン」人を見たとしても間違いではない。

これからの議論は、一般にポストモダンを特徴づけると言われている解釈学による世界理解に対する批判をも含意することになるはずである。ローゼンはその書物の「日本語版への序文」のなかで、一九六〇年代を境に衰退し始めた「実存主義」に代わって思想史の舞台の中央に躍り出た「解釈学」を総括する形で、「「解釈学」という語の流行は、歴史の力による着実な合理主義征服の兆候である(8)」と論じている。つまり「解釈学」に対する批判を開始するにあたって、彼は近代的啓蒙の相続人である「歴史主義」、あるいはその究極的形態である「実存主義」が、今日のポストモダン的状況をもたらした張本人であることを指弾しているのである。

しかしそれと同時に彼は、解釈学という形をとって現われてくる歴史相対主義に対する反対陣営の一角を形成すると見なされる分析哲学もまた、依然としてポストモダン的状況に拍車をかけ、近代性を崩壊に導くウイルスであるとも論じている。それらはともに知の先端を走っていることを自負しながら、その実知の頽落と堕落の張本人なのである。両者はともに「啓蒙という織物」を織り成す「数学的合理主義と歴史主義」という「二本の織り糸(9)」のポスト啓蒙的形態にほかならないのであって、それゆえにそれらはともに、近代的合理主義の本質的欠陥とも言いうる構成主義的知の特質を持つものであるというのである。

そうであるとすれば、解釈学的人間論も分析哲学的人間論も、真の意味で啓蒙主義の知を超え出るものであるとは決して言いえない。そこで「ポストモダン」の知の提示であることを目指すわれわれの「人間論」は、それらを超える地平での「人間論」であることを心得たものでなければならないことになる。

この書物では、上記のローゼンや『アメリカン・マインドの終焉』の著者アラン・ブルームがそうしたように、以下シュトラウスの著作したものに対する解釈として論を立てるのではなく、シュトラウスの議論を筆者なりに把握しなおしたうえで、筆者自身の口から近代以後の人間的生と世界について語る議論としたいと考えている。だから以下の議論でシュトラウスの名前や言説に言及される場合も、彼の思想を解釈するためではなく、むしろここでの議論が踏まえている視点を確認し、行なわれている議論の理解を助け、その議論を裏付けるために引き合いに出されているのだと考えていただきたい。ともあれここでは、書物の「まえがき」において必須的とされる簡潔な見取り図のようなものを示して、この「まえがき」を閉じることにしたい。

本書は、まず第一章と第二章において、近代合理性を導いた「啓蒙」の思想と運動の帰趨を見極め、その運動の動力因であった「自由」の概念とその現実性であった「リベラリズム」の再検討が試みられる。それに続いて科学革命と近代啓蒙を導いた数学的合理性と、その弥縫《びほう》として登場してきた「歴史主義」の問題が取り上げられる。そこにおいてそれらの難点が剔出《てきしゅつ》されるとともに、近代科学の相対主義的理解に道を開いた独特の「科学的」パラダイムと「歴史的」パラダイムが検討される。

続いて第三章では、科学的合理性の批判の中で近代的理性が捕われざるを得なくなる「二律背反」を越えようとする弁証法的理性が取り上げられる。弁証法はヘーゲルによる近代的な学知の「総合」をもたらす論理にほかならないが、ここではその論理の意義が、彼の若き時代の「和解性」概念にまで遡って跡づけられ、その論理の「和解」あるいは「弁証法的綜合」に孕まれる根本的問題が突き止められる。そしてそれを通して、最終的に実存的決断の論理に解決を委ねざるを得なかった近代合理性の頽落の論理を探り、それを批判する拠点を明らかにするための考察が加えられる。第四章では、実証的科学と歴史主義によってもたらされる知の相対主義の到来が、事実上近代的解決の破産を意味し、ポストモダンとはその破産の現われであることが確認されるとともに、近代人が何ゆえポストモダンの「力への意志」と「末人」たちの跳梁する世界に足を踏み入れざるを得なかったのか、その理由が探られる。

そして次の三つの章では、全体として現代の僭主政治とポストモダン的世界に現われ出てくる諸問題を考察することが課題となる。第五章では、とりわけポストモダン的世界の到来とともに忍び寄る最大の恐怖である、テクノロジーによって強化された僭主政治の問題が取り上げられる。つまりグローバル化、大量殺戮兵器、普遍同質的な世界国家といった徴表によって特徴づけられる現代の「僭主政治」がテーマとなる。その「僭主政治」に深く関わりを持つ諸概念は、古典古代のギリシア的ポリスの崩壊の後に出現した世界国家とともに人間知の中に入り込んできたのであるが、第六章ではそのような概念のひとつである「自然の法」と「倫理の法」を対比的に論じる中で、ポリス的世界の論理とポリスの後に出現した世界国家の論理のあいだに存する共通の原理が突き止められる。そして、その原理から、現代世界のグローバル化と普遍同質的国家としての「現代の帝国」の出現とともに浮かび上がってくる諸問題に考察が加えられる。続く第七章では、世界の普遍化と同質化によってもたらされたこれまでの対立軸の消失と新たな対立軸の出現によるテロリズムの闇と恐怖が、このような普遍的理念と繋がりあうものであることがまず指摘され、続いて一般に理解されている「ポストモダン」、あるいは「ポストモダン」的と考えられている二十一世紀的暴力としての「テロリズム」が近代性の究極的地平を特徴づけるものであることが指摘される。その上でそのような虚無の対立を超える論理として「共生」の概念とその論理が真の意味でポストモダンの時代を導く論理として提示される。

引き続き、そのような「共生の時代」における人間的生の諸問題が取り上げられる。まず第八章では、この時代の権利と法の問題に光が当てられる。ここでの議論では、ポストモダンにこそ必要とされる政治哲学が論じられるが、さらにそれが「権利」から「法」への視点転換から得られる原理によるものであることが論じられる。第九章では、この転換によって回復される倫理的諸課題に応えるための一般教養教育、およびその教育の根幹に位置づく哲学的対話の重要性が確認される。さらに「人間論」と「哲学」との関係が再度テーマとされ、「徳」と「異種混合的な知」によって特徴づけられる「倫理的パラダイム」が明らかにされ、最後にこのようなパラダイムによる人間論的思考を支える哲学知の特徴が、プラトンの議論とソクラテスの出生とを関係付けて確認される。

「倫理的パラダイム」からの人間論の試みは「科学的パラダイム」によるそれとは異なる。その違いを決定づけるのは、「異種混合的（heterogeneous）な知」と呼ばれるものの位置づけである。近代の知が「科学」の名で呼ばれるようになって久しいが、科学を基礎づける知はこの異種混合の知を退けることによって成り立ち、成功を収めた。近代の知に対して前者の知は、古典的合理性のうちにその範型（モデル）を見出しうるものであった。それゆえこれからの人間論は、古代に範型を見た古典的合理性によって近代的合理性を補完する議論となるが、その補完の必要性は「良心（conscience）」の概念の中に象徴的に物語られている。「科学（science）」がcon-という前綴りに補完されて「良心」となるように、この人間論でも「同種的な知」である「科学」の知の「古典的合理性」を特徴づける「異種混合の知」による補完が試みられる。「良心」が倫理的な視点から語られるものであることは論じるまでもないが、それを踏まえて言えば、「異種混合的な知」の再生によって論じられるこれからの「人間論」によって、われわれは、ポストモダン時代に要求される倫理的視点の再定式化を試みていることになるのである。

ポストモダンの人間論

——歴史終焉時代の知的パフダイムのために——

＊目次

ポストモダンの人間論

――歴史終焉時代の知的パラダイムのために――

第一章　二十一世紀を支える理論枠組みとしての人間論

1　新千年紀の始まりと人間論の課題

† ポストモダンは倫理の時代なのか

二十世紀から二十一世紀に移り行くこの二十年ほどの間に、新聞やテレビやインターネットで「倫理」という語が目に入り、耳にされることが多くなったように思われる。「生命倫理」や「環境倫理」の問題がメディアをはじめ社会生活の様々な場面で頻繁に取り上げられるようになったことが、そのような印象を抱かされる要因であったように思われるが、理由は何であれ、それに誘発されるかのように今日「技術者倫理」や「ビジネス倫理」「科学者倫理」から、はては地球以外の存在者の倫理に至るまで、様々な「倫理」が語られるようになっている。いずれにせよ「倫理」が流行っているかのように見えていることは確かである。

このような状況を目にしていると、「倫理」があらためて市民権を得て、その意義が再確認されつつあるのではないかとさえ思えてくる。いまや「倫理」こそが時代のキーワードだと、人々が考えるようになっているとと言えるのかもしれない。倫理がキーワードになること自体、当然のことであると言いうるし、実際にそれが正しい方向性を示していると言わなければならないようにも思われるが、しかしそれを素直に真に受けて安んじていられる人は、よほどのお人好しか能天気な人であるかのいずれかであることを思い知らねばならないであろう。というのもそれは、哲学的思考の結果として言われているのでは決してないからである。

「倫理」的に問題を立てることが重要であり、「善」・「悪」を基礎に据えて問題を考える必要があるというのはもっともなことである。当然のことながら、本書の議論を展開していく中で、そのような思考、そのような「知」が必要であることを、最終的結論として主張しようと考えている。しかしこのところのそういった仕方での「倫理」への言及の多くに、「科学」信仰に対する免罪符として安易な仕方で「倫理」が語られているのではないかと疑わせるものが多々あることも否定できない。倫理がいわば「利用」されているのである。たしかにそのような議論の中には、今置かれている苦境の本当の意味を理解せず、それに真剣に立ち向かう意気を感じさせないものがあまりにも多く見受けられる。「倫理」を口にすることによって「お茶を濁す」とか、あるいはそれを口にすることによって責任を回避しようとする「ずる賢さ」のようなものを嗅ぎ取ってしまうのは、私だけではないであろう。

これからの試みは、「倫理」を思考の中心に据えて人間的諸問題を論じようとするものであるが、このような試みがそのような「賢明な人たち」の試みとは次元を異にするものであることを、あらかじめ確認しておかなければならないであろう。というのもわれわれの試みは、近代科学への信仰を断ち切ることなくむしろそれを弥縫《びほう》しようとする立場からの試みとは正反対の立場から行なわれるものだからである。もう一歩突っ込んで言えば、われわれの試みは、そのような「賢明な人たち」の試みとは対照的に、むしろ「反科学」と言ってよい立場からのものだからである。

このところここ数百年ほどにわたって近代の思考を支配し続けてきた「科学」的思考の限界が露呈されつつあることは、様々な出来事から実感される。そのことは世界のグローバル化であるとか医療技術の飛躍的進歩であるとかによって浮かび上がってくる諸問題にすこしでも注意を払って見ていると、即座に理解されるところである。とりわけ人間に限らず広く生命全体の問題や環境問題といわれる領域で生じてきた一連の諸問題は、そのことを裏付けている。そしてこれらの諸問題がわれわれに指示していることは、この時代が科学とは異なる思考のパラダイムを必要としているということである。要するにいま、パラダイムの転換が必要とされているのである。

† 科学的思考の越権に抗して

グローバル化、生命、環境、情報などのポストモダン的現象から生じてくる諸問題によって、「科学」的な知のパラダイムを超え出る思考が要請されているのである。これから提示されようとしている「倫理」を思考の根底に据えた「人間論」の試みは、そのような時代に要請される新たな知と思考のパラダイムであると言ってよい。それは「科学」の立場からする「人間論」の試みとは対照的な「反科学」的と言ってよい立場からする「人間論」の試みである。そのような思考のパラダイムによって初めて、先に触れたようなアリバイ的で責任回避的な倫理の議論とは一線を画した倫理的諸問題についての根源的地平からの議論が可能となるのである。もっともここで「反科学」と言われる場合、オカルトの世界や非合理主義の立場への「回帰」を意味するのではないことは言うまでもない。ここでの「反科学」には、「科学」を導いてきた「合理性」の限界を見据えたということが含意されているにすぎない。それゆえここでの「反科学」には、単純に科学を否定するという立場が含意されているだけではないのである。このことはあらかじめはっきりと断わっておかなければならない。それはむしろ「知は力なり」の標語をあまりに忠実に実行に移しすぎたがために人間に「力」を与えすぎ、人間をその存在の限界を超えて暴走させることになった科学の知に自己知を取り戻させる作業、つまりはその「分を弁《わきま》え」させる作業であるといってよい。

そこでこれからの考察においては、科学の立場からする「人間論」の対極に位置する人間論、したがって「近代的合理性」の限界を見据えた上で開示される「人間論」を、「ポストモダンの人間論」として論じることになるのであるが、それを導く思考枠組みを「倫理的パラダイム」という名でもって呼ぶことをここで提案しておきたい。そしてその上で、そのようなパラダイムによる「人間論」の試みと科学の立場からするそれとの違いを、政治哲学者レオ・シュトラウスがしばしば用いた比喩的な仕方によって説明しておこうと思う。

その説明とは、「科学」の手法による人間的事象や政治的事象についての知を望遠鏡や顕微鏡といった観察手段を用いた知に譬え、政治哲学的な手法によるそれらについての知を「肉眼」で見ることによって得られる知に譬えることによってなされる説明である。後者の「肉眼」による見方は、また「常識的な」見方とも言われているが、要するにそのような見方によって得られる知とは、望遠鏡や顕微鏡といった道具に象徴される様々なカテゴリーや概念を表わす新造語を一切介することなく、もっぱら人間の肉眼に譬えられる「常識」的な用語によって描き出され得られる知のことを言っているのである。この区分に従えば、「倫理的パラダイム」は「人間の肉眼で」見る見方による学知に分類されるが、そのような政治哲学的な手法による「人間論」こそ、ここで展開されるべきものなのである。

† スキエンティアからコンスキエンティアへ

このような比喩を用いた表現によって言われようとしていることを、さらに言い換えるなら、これからの「人間論」は、サイエンス（science）の元の語である「スキエンティア（scientia）」による「人間論」とは区別され、それを超える学としての「コンスキエンティア（conscientia）」の学としての「人間論」ということになるであろう。「知」や「学」を意味する「スキエンティア（scientia）」

に共同性や全体性を意味する前綴り「con-」を付けることによってできるこの語は、道徳や倫理をその内に含み持つ「知」を意味するものとなるが、このような知こそ「科学」的な知が限界に達した後に来るべき「知」なのである。

要するにわれわれの「人間論」は、「コンスキエンティア」という語に含意されるものを回復させることによって可能になる「学知」であるということである。それは抽象化され、全体から切り離された地平に成立する人間についての「学知」ではなく、「コンスキエンティア」の語に込められている、全体的で包括的な「学知」あるいは「コンスキエンティア」の語の意味が本来的に指示している事柄を含意するとともに、倫理的価値を考慮に入れ、それを基にした思考によって成立する「学知」だということである。

†良心（conscientia）と異種混合性

コンスキエンティアの知としての「人間論」について、後にもう少し立ち入って見ることになる「倫理的パラダイム」との関わりで、なおいくらか思い付くことを述べておくことにすると、まずポストモダンの地平に再興されるべき「人間論」は、「近代性」の中で中心的役割を果たしていた「科学」が「同質的な（homogeneous）知」によって特徴づけられるのとは対照的に、ちょうどその対極に位置する「異種混合の知」[1]によって特徴づけられるということに触れておかなければならない。「異種混合の知」は元来、古典的思考に関わるものであり、それゆえ「家父長制的支配」と関わりあうものであると考えられてきた。そのためにこの知は今日パターナリズム的であるとして人々にそっぽを向かれ非難の的にされるのが通例である。(2)とは言え「各人にその人に相応しいものを与える」こと自体は、何ら不当なことではない。それどころかそれは倫理的な思考にとっての真理を述べたものでさえある。むしろそのような知には、「歴史」の概念に導かれた知が最終的に「相対的な」知の暗礁に乗り上げる羽目に陥ったのとは異なり、絶対的な知に達する道が残されてさえいるのである。そのように言いうるのは、その知が「古典的合理性」に基礎を持つものだからである。しかもここに言う「古典的」とは「範型的（paradigmatic）」であることを意味する。(3)それゆえに範型となるべき正義や平等が取り上げられるこれからの人間論では、倫理的と道徳という意味での絶対的な知に関わる議論が試みられることになるからである。そして言うまでもないことだが、これまでのあらゆる道徳的命法はなんらかの意味で絶対的あるいは定言的命法であった。

ところで古典的合理主義も近代的合理主義と同様、数学的合理性によってその基礎を与えられていた。しかし近代的なそれと古典的なそれとの違いは、プラトンによって算術と幾何学の違いによって示されていた事柄を理解することのできる人にのみ理解可能である。もっとも同じ数学の分野の違いでしかないと言ってしまえばそれまでであるが、「異種混合の知」は、この数学の違いを違いとして理解できる知であると言い換えてもよい。いずれにせよプラトンの算術と幾何学の隠喩的意味を理解しうるか否かがわれわれの人間論の正否を左右するといってよいであろう。(4)

しかしここでの「人間論」の議論は全体としての「人間論」の議論の一部をなすものと位置づけな

ければならない。というのもこれからの議論は、広い意味での「人間論」が取り扱う事柄の一部に論点を集中して論じられることになるからである。焦点となるのは人間にとっての「善き生」(5)である。したがってこれからの議論は、古の知者が述べたとされる「宇宙は神々で満ちている」というような言葉で表わされる宇宙や神々にまで遡って論じられる「人間論」とは区別され、われわれの身近な地平で生じる諸問題に焦点を絞って論じられる人間論ということになる。要するに、これからの試みは、近代性が終焉せんとする時代に「倫理」という視点を根底から基礎づけ直すとともに、そのような視点から学の全体を組み替えようとする哲学的思考の試みなのである。

2　テクノロジーの進歩と人間の堕落

二十世紀は「科学技術」の世紀であったとか「戦争」の世紀であったとか、しばしば言われてきた。この二十世紀から新千年紀の最初の世紀である二十一世紀に足を踏み入れて数年を経た時点で、これからのこの世紀がいったいどんな世紀になるのだろうと見渡してみるとき、はたして目に飛び込んで来たものはといえば、これまでの世紀以上に殺伐とした世紀になるであろうことを予感させるような出来事ばかりであった。

闇から突如襲いかかる暴力、殺戮、そして戦争。狂気としか言いようのない狂信者たちによる自爆や無意識のうちに凶器を持った自動機械的人間たちの暴発。再生医療の先に見えてくる人間の改造や製造。科学技術（テクノロジー）の暴走。経済の無政府状態化と人間のいっそうの奴隷化。情報技術、超微細技術（ナノテクノロジー）やロボット技術のさらなる普遍化による物と人間との転倒。さらには環境破壊によって生じてくるおぞましい光景が垣間見えてくるのである。そこには人間と機械、生命と物質の境界が取り払われ、一見して無区別の支配する平板で退屈であるような世界でありながら、実はその中で生命が解体し、生から死、死から生への転倒が常態化しているといったゾッとするような光景が広がっているのである。そしてそこには、人間が自ら取り出してきて手にしておきながらもはや制御することのできなくなった強大な「力」が支配的「力」としてあり、その「力」に押し潰され苦吟している惨めな人間たちがいる。[6]

いったい人間は何処へ行ってしまうのか。そして何になってしまうのか。動物に戻るのかそれとも物になるのか。非人間になってしまうことは、どうやら仕方ないことなのかもしれない。啓蒙による世界と人間の合理化の行き着く先は、物象化ということであるとすれば。[7] 人間的あまりに人間的であろうとした人間は、非人間的あまりに非人間的な何者かになろうとしているように見える。それゆえにわれわれの「人間論」の議論は、人間の非人間化に抗してその人間性を守り抜くための議論でなければならないのである。

3　近代合理性の陥穽

†歴史による合理化と力

近代の合理的思考は二つの相を持っていた。科学を導く合理的思考と、歴史的あるいは弁証法的理性に基づく思考という二相である。近代性の中で、科学の合理性と歴史の合理性は、自然を作り変えるという人間の行為によって結びつきを持つことになった。自然が、幾何学者たちがそうしているように点や線や面によって捉えられたとき、そのとき人間たちは自然を人間的に再生産する道を発見したのであり、それによってその行為によって作り出される歴史の世界と自然の世界が同じ一つの原理によって動かされることになったのである。人間に敵対的なものとしてあった自然は、このとき人間の所有物に、したがって人間に制御可能なものに転換されることになった。つまり自然は人間史のうちに組み込まれることになったのである。

われわれのこれまでの歴史を省みるとき、そこで行なわれてきたことは、何度も繰り返し建造物を打ち立ててはそれを打ち壊すという作業であったと言いうるであろう。何かが打ち立てられ取り壊されてゆくうちに、それは次第に均整のとれた無駄のない建造物に仕上がっていくのである。もちろん時には何が均整のとれた形で、何が無駄であるのか、意見が分かれることもある。それゆえその行程は一筋縄ではない。行きつ戻りつしながら、時には一歩前進二歩後退といった仕方で、しかし全体としては次第に形を整えて行く。全体的に見ればその作業は、歴史を通じた合理化の運動である。このような運動が繰り返し行なわれる中で、世界は次第に合理的な仕方で整えられていくのである。

打ち立てられては取り壊されていくものが、いつも建造物のような具体物であるとは限らない。それらの中には文字によって表わされたものや観念のまま残されたものもある。そのように解すれば、およそ文化という用語によって言い表わされているものはすべて、多かれ少なかれ、そのような仕方によって行なわれている形態化とその解体の繰り返しであると言ってよいであろう。要するに文化とは形態を得たものとそれが取り壊されて残された残骸の総体であると言ってよいのである。

文化遺産と呼ばれているものをよく見てみればそのことがはっきりする。それらは過去の人間たちが彼らの頭に思い浮かべた観念の形態化されたものの遺物と見てよいのである。それが建造物や彫像である場合もあれば、伝承や書物のように言葉によって表わされたものである場合もある。あるいはまた人々の行為の型、つまり慣習や制度として遺されたものである場合もある。ひとつの時代が去ったとき、これらの遺物は何らかの形で破壊される。とりわけ時の権力の象徴であったものは、次の時代になると取り壊されたり破壊されたりするのが通例である。そしてその上にまた新しいものが構築されていく。人類はそれを繰り返し行なうことによって力を蓄えてきた。過去の構築物が知的遺産としての意味を獲得するとき、それは次なる構築物の土台となる。原始の大地と都市の地表とを隔てているものは、たった一枚ずつの敷石でしかないにもかかわらず、両者のあいだにある懸隔は絶大である。そしてこの無限の隔たりを作り出しているものこそ、歴史を通して人類が獲得してきた文化であり力であると言ってよいであろう。

ところでこの点では近代という時代ほど過去に対してはっきりとした断絶を意識した時代は他にはない。近代という時代は以前に存在していたものに輝きを見出すよりも、常に未知なるものに期待を寄せる時代であった。要するに過去に対する絶対的な優位を確信した時代であったとも言いうるのである。そのような確信に根拠を与えたものこそ、近代的啓蒙によって切り開かれた学問的知識と、それによって獲得された実践的な力であったが、この力によってわれわれはすべての実在が理性的であると宣言することができるようになったのである。そしてこのことが、近代性を特徴づけるもっとも根本的な事柄となった。

† 社会の合理化による力

人間にすべての実在が理性であると言わしめるのに貢献したものを、もう一つ探り出してみるなら、人間の力をいっそう効果的に発揮させるものがあったことに思い至る。古典古代にあっては力が集積されて増すことは知られていたが、分散させることによって力が増すことは十分に知られていなかった。このようなことを人々に気づかせるのに一役買ったのが、ルネッサンス期以降盛んになり、あのダ・ヴィンチのようなルネッサンス人がとりわけ魅せられた、もろもろの機械的メカニズムであった。

機械は動力の伝達を基本として成り立つものであるが、それによって巨大な力へと増大させられるようになる。産業資本の段階に現われた機械にその原型が見られたが、やがて力の伝達は直接的な接触によるものだけでなく、電気的な力を介在させることによって遠隔的な伝達も機械の要素になる。しかも機械が力の発現に役立つようになったのはそのような直接的な意味においてばかりではなかった。そこに見られたメカニズムは生産工場のモデルとなり、さらには社会全体のモデルとなった。

機械が人間にもたらした思考モデルの転換は、人間の生産活動や社会的活動を規定せずにはおかなかった。アダム・スミスによってはっきりとした形で学問的に記述されることになった「分業」と「協業」は、このようなメカニズムによる生産と社会の基本的要素となったのである。それらはまた人間の思考にも反映させられて、近代の理論は分析と総合という近代的意味での二つの知の構成要素を得るに至る。このことによって近代人たちが建設的な破壊ということを意識するようになったことは間違いない。分析は破壊に通ずるが、破壊されたものが再び総合されて新たな何ものかが生み出されることによってその破壊は有意味な破壊となるのである。

しかし破壊が建設につながるという際の破壊とは如何なるものであり、またそれによって可能になる建設とは如何なるものであろうか。そこで建設的破壊がプログラムに登ってきたとき、かつてギリシアの時代にあってピュシス（ギリシア語の自然を意味する語）の語で意味されていたものが、いつの間にか姿を消していることに気づかなければならない。そのような仕方での動きの中には、生命の循環的な流れの中で繰り返される生成と死滅の運動とはまったく異なる力がそこで働いていることになる。

破壊や建設が「生命」と相容れない概念であること、そして自然という語がその根源において生命と関わりを持つ語であることは、忘れられてはならないのである。近代という時代は、世俗化と自然の否定をその特徴とする巨大な波であったが、同時にまた人間的なものをとことんまで追究した時代でもあった。しかし人間的あまりに人間的であることを追究しようとして、われわれは自然を忘却するという高価な代償を支払わなければならなかった。そのことが人間性の破壊に繋がっているとも知らずに。

4　啓蒙の蒙昧主義への転化

近代という時代にわれわれが追究してきたもの、それは言うまでもなく自己自身を合理化することであり、世界を合理化することであった。しかしその合理化の結果われわれが手にしたものは、それとは正反対のもの、つまりそこから抜け出ようとして努力してきた当の非合理的なものにほかならなかった。魔術が横行していた中で、そこから抜け出そうとして理性を磨き、それを力へと転化させるために努力することはなんら不当なことではなかった。そして人間が理性を磨き世界を変革することが、たしかに人間に明るい未来を約束するかに見えたのである。

しかし理性の力によって自然を手なずけることができるという思想は、そのうちに支配の論理を含み持っている。それゆえ人間理性は、己の限界を自覚しその傲慢さを諫めることができない限り、再び何らかの仕方で強権的支配を復活させ、破滅に導く凶暴な力とならざるをえなくなる。とりわけ、人間が自分の何であるかについての探究を放棄するとき、啓蒙は蒙昧主義へと転化し、合理化は物象化へと転化することになる。以上のことを確認した上で、そこから近代性の危機を診断する際のいくつかの指標を取り出しておこう。

† 目標の低位化と目的の喪失

近代性の危機は、啓蒙は蒙昧主義へと転化する[8]という、その弁証法的転倒の論理から帰結されることであるが、その第一の現われは人間の目的喪失の中に表明されることになる。近代性の第一の仕事は、目標を低めその実現可能性を高めるということであったが、目標を低めることは、すなわち目的の喪失への第一歩であることを意味している。

近代合理性概念とともに理性は対象を均質化しそれとともにまた主体を平準化することによって、自然であれ理想であれ神であれ、何か超越的なもの、そのためにこそすべてのものが在るところのものを知の対象から除外することになった。代わりに今あるところのもの、過去にあったもの、かく在るもの、あるいはかく在ったものと、それらの様態に知の対象が限定されるに至る。

こうして近代の科学的学知にあっては、「知」そのものが目的とはされなくなり、「知」は道具的なものへと変質させられることになる。このことはこれまで常に問い続けられてきた「存在（Is）」と「当為（Ought）」の問題に決着が付けられたことを意味する。しかしそれによってかえってわれわれは、生の意味を問い返しそれを吟味する方途を奪われることにもなったのである。

† テクノロジーの支配

近代人が絶大な力を手に入れることができたのは、「何のために生きるのか」や「なぜ生きるのか」あるいは「いかに生きるのか」についての問いを発する代わりに、つまり己の生の意味への問いを発する代わりに、その問題を括弧に入れて、ひとえに生の手段を追い求めることに徹したことによってであった。それゆえに彼らは力を手にはしたもののそれと引き換えに、その力を何のために用いるかを熟慮し、その力を制御する方策を練るために思考することを打ち捨ててしまうことになった。近代人に残されていたのは、ただ安楽と便宜に関しての思考だけになってしまった。そうすることによって、自然の物理的な力を操作することの方はまだ人間の手に委ねられてはいたが、手にした力をどう活かすかについては、彼らは盲目の巨人のごとく荒野に投げ出されてしまうことになったのである。(9)

かくして自然に立ち向かい自然を意のままに操ることを可能にしたその同じ力が、こんどは人間にとっての凶器へと変じてしまうことになる。テクノロジーがそのようなものとなるとき、そこにわれわれは新しい時代の新しい僭主（専制的支配者）が出現しているのを見出すことになるのである。

† 「節度」という原理の消滅

いつの時代にも人間を堕落へと導いたものは、人間のうちにある悪と不正へ向かう傾きであった。人間は誰もが一方では善へと向かう自然的善性のような傾向性を備え持っていながら悪へと流される性癖のようなものをも同時に備えているのであって、悪への誘惑を何らかの形で断ら切るように努めない限り、人間たちの共同性は劣悪な状態へと引き寄せられていくことになる。たとえ技術的な知によって力が与えられたとしても、共同性に秩序を与える「慎み」や「正しさ」への尊敬の念がなければ、人間は悪に陥ってしまわざるを得ないようにできているのである。すでに見たように、今日の人間の生を導いている科学技術の「知」が本質的にプロメテウス的な「盗み」によって象徴される知であるとすれば、人間の共同的な生を堕落へと導いていく原因となっているものは、単に人間のうちにある悪への性癖ばかりでなく、それが本性的であるか後になって獲得されるものであるかはともかくとして、人間「知」それ自体もこのような「悪」への傾きに拍車をかける要因となる。こうして「道徳性」あるいは「節度」の欠如あるいは忘却は恐ろしい結末を準備することになることが分かってくる。

「節度」あるいは「節制」は必ずしも生産的活動を導くだけの徳であるわけではない。それは人間の共同性のための活動の全体に関わる徳でもある。プラトンの『プロタゴラス』篇でプロタゴラスによって語られているプロメテウス神話で述べられている、神から人間に与えられた「慎み」と「正しさ」は、このような広義の「節度」の徳と言ってよいものである。(10) ところがこのような徳は今日では話題にすらならない。このことは言い換えれば、われわれが人間的結びつきの原理を持ちえなくなっていることを意味するのである。

† 政治のイデオロギー化

近代性はその合理性原理の中に同質性の原理を含ませていた。それはもともと近代合理性が数学とりわけ幾何学をモデルとして導き出されてきた合理性をその根幹に持っていたことに由来しているが、それが人間論の領域に持ち込まれてきたとき、社会はアトムのような個人の集合体となり、国家は世界公民的国家となり、その市民は世界市民と読み替えられることになる。その結果人間の卓越性や崇高さ、個々人の気概や節度は居場所を失うことになる。共同体が何を目指し、何を実現するのかという問いは、いともたやすく平等主義的な快楽の願望によって答えられてしまう。こうして共同体の目的ではなくそのメカニズムが善き生のための必要かつ十分な条件となる。

それとともに人間の幸福は、それが本来意味していた「神々」との関係は必要ではなくなり、単に量的な最大多数の幸福と読み替えられることになる。共同体は、われわれがそこに参入することによってそこから快楽を引き出してくる一つのメカニズムにすぎなくなる。そしてそうなったとき、本来共同的な生を配慮するところから発した「政治」は、ただ権力の王座を目指すために必要とされるイデオロギーとすりかえられ、「政治」の言説は民衆を欺くための「迎合」と「へつらいの言葉」へと転じる(11)。

† 賢慮あるいは実践知の否定

ところでポストモダンの時代を特徴づける用語として、「歴史の終焉」という言葉を引き合いに出すことができるであろう。この語が意味していることは、「あらゆる人間存在が十分に満足し……もはや戦いも労働もない歴史の完成」[12]の時代、もはや「それ以上なすべきことは何もない」[13]時代が到来しているということであるといってよい。それは「目的なき時代」と言うのと同じなのである。

近代性が目指した目的の国は、コジェーヴの用語を借りて言えば、「普遍同質的国家」[14]ということになるだろうが、「戦闘や労働」のない最終国家においては、永遠に揺れ動いて流動している「流行（ファッション）」を追い求めること、そしてそこから快楽と満足を引き出すことしか、なすべきことは何も残されていない。

ポストモダン人はファッショナブルであることだけを気遣っていればよいのである。彼は流行の人なのであり、それに乗っていることだけが彼を満足させるのである。それには人間と人間の社会を素直に見つめる目は必要ではない。したがって本来善き生に必要とされた「知」も「勇気」も「節制」もさらには「正義」さえも、彼にとっては関心の外にあるのである。このことからも「賢慮（プロネーシス）」なる語でもって語られていた「実践知」が、ポストモダン人にはどんなに無縁なものとなっているかが分かるのである。

5　ポストモダン時代のキーワードとしての「倫理」

†　歴史終焉の時代

目の前に広がっている光景をよく見てみよう。商品経済あるいは市場の世界的規模での広がり、世界のグローバル化とそれに伴う人間の故郷喪失、個人のアトム化とそこから生じる人間性の喪失、これらは二十世紀の残滓のようにも見えるが、その中にもこれまでの世紀とはどこか異なるものが見えてくる。新しい二十一世紀的因子が組み込まれた影像が、物と人のうごめきの中に見えてくる。映し出されてくる像は、まぎれもなく「歴史終焉」後の世界であり、そしてそこにうごめいている人々は「最後の人間たち」であると言ってよいのである。

ところでニーチェこそ、モダンの「終結」を宣言しポストモダンの到来を予見した最初の人物であった。というのも彼はそれを「ニヒリズムの到来」という言葉で予告したからである。今日の状況を省みるとき、事態が即座に好転するようなことがないことはすでにはっきりしているが、そのような「ニヒリズム」に直面しているとすればその克服の容易でないことは覚悟しておかなければならない。そして事態を悪い方向へと押しやるさらなる大波が押し寄せてくる可能性に警鐘を鳴らすとともに、現に進行しつつある事態に対処するための実践的な処方を早急に提示する必要がある。

†ポストモダンのニヒリズム

ポストモダン時代を特徴づけるニヒリズム、すなわち価値、意味、目的の喪失は、近代の始まりの時期にわれわれが取り入れたひとつの態度を遠因としていると言ってよい。すなわち目的因（causa funalis）の否定とそれによって引き起こされる「徳（virtue）」の消失が基になっているのである。それゆえ今その戸口に立っている字義通りのポストモダン、すなわち「近代の後」の時代は、近代「啓蒙」の自己崩壊によってもたらされた時代にほかならないが、その時代こそ現実主義的な方向選択による道徳の否定と、死の恐怖に象徴されるもっとも低劣なものから国家の安寧と人々の幸福といったもっとも高次のものを導出する近代知による真理、価値、目的の設定をその特徴とする時代と言うことができるであろう。それゆえにポストモダンを超えるには、近代（モダン）の終焉との対決が不可避となる。つまり近代性が欠落させたものを見据える必要があるということである。

そのように解すれば、ポストモダン時代の動揺は、近代的原理による諸観念に対する対案の欠如にその原因があることが分かる。そしてこの対案の欠如がまたその動揺を倍加する。近代の終焉とポストモダン時代の動揺の原因は、近代性原理を特徴づけていた倫理的価値の否定を震源として共有しているのである。要するにポストモダン時代のニヒリズムとは、何が善であり何が悪であるかを判定する基準をわれわれが持ち合わせていないことに起因していると言いうるのである。

ここではこれらの問題への踏み込んだ議論は差し控えねばならないが、手短に言えば、この倫理的価値に改めて光を当てなおすことによって近代の試みに対して対案を提示しようというのが、これからの議論で試みられようとしているところである。つまり倫理的価値に光を当てることによって、直面するポストモダン的危機を超えようというのが、われわれの目指そうとしているところなのである。ここではとりあえず、これからの議論を根底から支え、羅針盤としての役割を果たすことになるキーワード、「倫理的パラダイム」について簡潔に触れておくことにしたい。

きわめて大雑把な言い方をすれば、近代性とは道徳性や倫理を何かそれらとは別の原理によって置き換えようとする試みであったと言うことができる。要するに、科学の立場からする倫理的価値の否定も、歴史による倫理的価値の否定も、ともにこの流れの中にあったと言い得るのである。もちろん科学の理論も歴史の理論も正面から倫理的価値を否定するわけではない。それらは倫理的価値の否定を自分たちにも気づかれない仕方で推し進めてきたのである。そしてそれらの試みは、倫理的価値を否定する代わりに、それを別の用語で言い換えようとしてきたのである。「力」や「富」による世界理解、「精神」や「物質」などによる倫理的価値の読み替えは、そのような試みの代表例として引き合いに出すことができる。しかし結局のところこれらの立場のどれもが、倫理的価値の基礎づけに失敗したことによって、その基礎づけ自体が不可能であったと結論せざるを得なくなる。

倫理的価値に都合のよくない主張は、主として「歴史」の観念によるものと「事実と価値」を区別する立場からのものがあった。歴史の観念による主張は、善悪の基準は時と所とともに変動するとする価値相対主義へとわれわれを導く。事実と価値の区別からの主張は、対立しあう多様な諸価値の中にあっていずれの価値が他に優るかを合理的に証明することは不可能であると主張するに至る。後者は価値の科学的基礎づけに関わるものであるが、それはまた科学的認識の価値中立性の主張とも関わりを持っている。これら二つの主張に代表される倫理的価値の否定の論理こそ、近代性を終結させ、今日のポストモダンの危機的状況を準備したものなのである。

†ポストモダンにこそ倫理を問え

そこでこの新しい世紀をほんとうに新たな世紀として迎えうるために、二十一世紀を「倫理」をキーワードとし、それを基準にして人間が生きる世界と時代を語りうるような世紀としなければならない、あるいは「倫理」という概念を軸にして問題を立てなければならないという主張を、真剣に考えてみる必要が生じてくる。要するにポスト近代（モダン）の時代は倫理的パラダイム復権の時代でなければならない、と主張することが必要となってくるのである。

その復権の手がかりは、近代合理主義がそれを超えたと主張してきた古典的合理主義のなかに見出されうる。古典的合理主義は、今日の人間的生を堕落させる原因ともなっている科学とテクノロジーの知的パラダイムにはらまれる「倫理的視点」の欠落に気づかせてくれるからである。科学のパラダイムに対して倫理的パラダイムを対置するとき、それによってわれわれは、科学に対して哲学を、テクノロジーに対して詩的制作を対置し、そうすることによって人間的な生のあり方と人々の交わり（コミュニケーション）をまったく新しいものへと組み替えようとするのである。その際に古典的合理主義は、この方向性の意義を再確認させてくれることになるはずである。

科学は近代性の危機の震源でもあった。倫理的パラダイムは科学のパラダイムの合理的な部分を継承しながらも、科学の合理性に欠落したものを補塡するという仕方で、合理性概念の全体を蘇らせようとする。われわれは「倫理的なもの」の排除によって合理性を護るのではなく、「倫理的なもの」を取り戻すことによって合理性の再生を目指すのである。

第二章　歴史の思想と「意志の行為」

1　制作＝知識の思想あるいは実体＝主体説

†行動する理性

近代の歴史がその一歩を踏み出そうとしていた時代が新大陸発見の時代と重なりあっていたことに目を向けるとき、重大なことに気づかされる。つまり近代を特徴づける科学の担い手たちと新大陸の発見者たちが探索者であったことおよび「大胆さ」の精神の持ち主であったという点で、繋がり合っていることに気づかされるのである。この知を求めることと大胆さとの繋がりは、カントが「啓蒙」を定義するに際して用いた「敢えて賢かれ（Sapere aude）」[1]の標語の中にも言い表わされていた。

大航海の時代を境として盛んに行なわれるようになり前世紀に至るまで続けられた、地球上の辺境や未踏の地の探査は、人間にとって未知なる領域を狭め、ついにはそれをなくしてしまう活動という意味を有していたが、探査の対象である暗黒の時代、暗黒の大陸、無知を意味する精神の暗きは、いずれも「光の差し込まぬところ（Non lucendo）」という点で共通するものを持っていた。宣教であれ、探検であれ、研究であれ、光を差し込ませる（enlighten）ことが求められた。地理的発見や未踏の地への踏査探検は、直接的には、地球上のあらゆる地点にまでくまなく人間の痕跡を残す、つまり人間による未知なる領域の征服と開拓を意味し、さらには己の足を踏み入れた領地や領野を私的に所有するということを象徴していた。それは疎遠で未知なる世界をわれわれの下へ、われわれの権内へと組み入れることにほかならなかった。そのような観点からみれば、コペルニクスに始まりケプラー、ガリレオ、デカルトからニュートンへと至る自然科学上の諸発見も、これと同じ一連の運動の一環と捉えることができる。地理上の発見がある意味で外的世界に対する「啓蒙」的実践であったのに対し、科学の進歩と発展は内面的世界に対する「啓蒙」的実践であったということができるのである。ちょうど「耕作＝文化（cultivate）」の語が、土地を「耕す」という意味と精神を「陶冶する」という意味をあわせ持つのと同様、開発や開拓と啓発や啓蒙にも二つの意味があるということである。

ところで古代や中世から近代を分かつのに決定的な役割を果たしたものとして、第一に、近代に独特の「理性」概念が挙げられるであろう。そのような「理性」の概念は、しばしば「啓示」に関わり合うものに取って代わりうるものと考えられてきた。それはわれわれの観念や想念や幻想にのみ根拠づけられているものと比べて、はるかに現実的なものと強く結ばれた知を準備した。それによって根拠づけられた知は、たとえばプラトンが「実相（εἶδος）そのものを用い実相そのものを通じて行なう探究」[2]と区別して、それよりも一段劣る「似像（εἰκών）」や「目に見える形像」[3]を用いる「知」とした、幾何学に類する思考が基になった「知」であった。それゆえ幾何学およびそれとの関わりの深い数学的思考が基になって確立されたそのような思考が、開発や開拓と結びつくような理性使用と結びついていたとしても、何ら驚くべきことではない。たしかに地理上の発見を促した大胆さや勇敢さが、近代に固有の理性のあり方と結びついていたことは疑いえないのである。

　またコロンブスを大西洋への航海に駆り立てた要因のひとつにコペルニクス以来の地動説があったとされるが、このこともまた、新大陸の発見と天文学の領域での思考法の転換との間に、こうした繋がりがあることを示唆している。こうして見ると、新大陸の発見は、近代的理性の性格転換を決定づけることに寄与した出来事であったと見なければならない。ただコペルニクスは望遠鏡以前の人であった。実験と観察の結果が近代科学の成立に重要な役割を果たしたことは否定しがたいが、こと近代的理性の成立に果たした役割を見る限りでは、それらはこのような転換の意義を追認するのに役立ったにすぎない。要するに思考法における「コペルニクス的転回」こそが、近代的理性と啓蒙の性格を決定づけるものであったのである。

　それゆえ近代的「理性」の性格は、このような歴史的な事柄と関連させて考えてみれば、その姿が鮮明に浮かび上がってくる。近代のプロジェクトとは、我、我々、そして世界を、隈なく我がものとして理性の支配下に置き入れようとする運動であった。近代の哲学をその最高の高みにまで押し上げた哲学者ヘーゲルが、『精神現象学』の「理性」章であらかじめ、「理性とはあらゆる実在であるという意識の確信である」[4]と理性を定義づけ、さらに「この（理性の）意識にとっては、存在（Sein）は自分のもの（Seinen）であるという意義を持つ」[5]と述べているのは、このことを確認しようとしてのことである。明らかに彼も近代的理性の働きを、かの地理的発見が含意していたのと同じ意味で理解していたのである。

†　実体は主体

ヘーゲルによれば、「あらゆる実在である」という自己意識の確信が真理となるとき、理性は精神となる。このような確信を真理となす理性の全運動は、「実体」は「主体」であるという命題の証示にほかならないのである。注意しなければならないのは、ヘーゲルはスピノザと異なり、その「実体」に、神的実体とは区別される歴史的主体の対象化によってもたらされる人倫的実体の意味を付加している点である。とすればヘーゲルが捉えた近代的理性とは、あらゆる実在の中に意識の契機を介在させようとして努力する自己意識の理性だということになるであろう。

『歴史哲学講義』の中の一節にも、新大陸の発見は、「己の住む地球を知ろうとする人間の欲求」[6]と捉えられ、「精神の外への進出（Hinaus）」[7]とされているのが確認できる。それは精神の「外化（Entäußerung）」の一形態と考えられているのである。たしかにこうした地理上の発見に浮かれて世俗的な喧騒の中で富や財産の獲得に憂き身をやつすヨーロッパの諸国民と自国の国民の「単純で素朴な」態度と比較して、ヘーゲルが、自国ドイツ国民がルターによって開始された宗教改革の担い手としていかに相応しかったかについて述べるとき、そこに外化の中から再び精神的世界のうちへ還帰することの意義が確認されているのを読み取ることはできる。けれどもヘーゲルにとっては、近代世界とは外化の世界であり、人間が己の内なるものを外へと定立することによって成立する世界であると考えられていたことは確かであるように思われる。この点からすれば、近代的理性はかかる「精神の外への進出」によって、はじめてその本質が把握されるものであったのである。

2　歴史の思想の先駆者ヴィーコ

†　人間の「制作」と世界

こうしてみると、ヘーゲルの「精神の哲学」とは、人間の「自己外化」を「行為（Tat, Tun）」あるいは「労働（Arbeit）」と捉えることによって成立する考えであったと結論づけてよいことになる。世界史的な長いプロセスを通して繰り広げられる人間の「行為」や「労働」とその「成果」あるいは「作品（Werke）」こそ、神の世界統治と神の計画遂行の顕現とその達成にほかならないのである。このような見方によれば、人間による製作の行為は、神的制作と等価であるとは言わないまでも、それと置換されうるものであることになる。

人間の理性の生産するものは、しかし少なくとも自然と同等の価値を有するということができはしまいか。しかしその場合でさえも、すでにわれわれは許された以上に理性をおとしめているのである。もし動物の生命や行為がそれだけで神的なものであるとしたら、人間の行為はそれよりずっと高いところにあるに違いないし、無限に高い意味で神的であると言われなければならない。(8)

……精神は自然よりも無限に高度なものである。精神の内には自然においてより以上に神的なものがはっきりと示されている。(9)

これらの句に表明されている思想に、スピノザ的な「神即自然」の思想に対する鋭い批判が含意されているのを見て取ることは容易である。

ヘーゲルにおいてはかくして、人間が労苦してなし遂げる労働の過程を理解することが、神の計画と神の事業を理解し、神それ自体の認識へと道を開くことになる。つまり「歴史の哲学」が、最高度の知が可能となるエレメントとして開けてくるのである。ヘーゲルの精神と歴史の哲学が、人間の製作を神の制作と等価的なものとする考えによって支えられていることは明らかである。

† 自然から人間へ

ところでこのような思想は、デカルト派に楯突いたジャンバッティスタ・ヴィーコ(10)の学問観の中に先蹤《せんしょう》を認めることができる。そこで近代に固有の考えがいかなるものであるかを理解するために、ここではこの思想家の思想にしばらく目を留めておくことにしたい。

ハイデガーの弟子として哲学的思索を開始しながら後に自らの師を厳しく指弾したことで知られる哲学史家カール・レーヴィットは、その晩年に行なった講演を基にして纏めた論文『ヴィーコの基礎命題：真なるものと作られたものとは置換される――その神学的諸前提と世俗的諸帰結(11)』において、その表題に掲げられているヴィーコの命題のうちに、近代に固有の考え方が極めて明瞭に表明されていることを見て取っている。

レーヴィットが指摘するように、ヴィーコのこの命題は、その命題提出の真意がどこにあったかはともかく、それを製作できるか否かという点に真理の基準を求めるべきだと言っている点で、近代以前の天上に掲げられた真理とも、さらにはデカルトをも含めた近代初期の数学的に基礎づけたれた真理とも異なる、別個の真理観を提出していると言うことができる。デカルト的自然学の思考に馴染んでいる今日の科学者や哲学者の中には、このような考えに違和感を覚える人がいることは大いに予想されうるが、その考えが以後の思想の歴史の中でそれらとは別の思考モデルの原型となって、大きな影響を及ぼすものになったことは間違いない。

レーヴィットはその論文において、以下のように述べている。

真なるものと作られたものとの互換性についての基礎命題は、その後しだいにヴィーコの敬虔な学と彼の原理の神学的前提への考慮を棚に上げて、人間をホモ・ファーベル（工作人）として、自然の主人と、したがってまた同時に歴史の主人となすような仕方で強調され、引き立てられて行くことになる。なぜといって自然的環境に対する支配は、人間がその共同する世界をも作り変えることを可能にするからである。《国家社会の世界》と《自然の世界》とは、その技術的な進歩によってとりわけ人間の世界を変えることになる近代自然科学と《自然の世界》とが隔てられていないのと同様、隔てられてはいない。ヴィーコの摂理の自然神学から科学的予見による人間の製作能力の信頼へのこのような発展は、F・ベーコンとT・ホッブズ、カントとヘーゲル、それにまたマルクスとディルタイにおいても指摘され、シェーラーの知識社会学によって明るみに出されうるのである(12)。

レーヴィットによれば、神学的前提の上に立てられたヴィーコの命題は、このようにその神学的前提が取り払われた時、絶大なる威力を発揮して、近代を特徴づける思想の奔流を形作っていくことになった。ヴィーコの命題の起源をスコラ神学のうちに求めるレーヴィットの解釈は、ヴィーコの学問観を前近代に引き寄せその近代的な側面を見落としてしまう危険に陥る嫌いなしとしないが、この命題の世俗的帰結の中に近代性にはらまれている問題の核心を読み取ったのは、レーヴィットの慧眼であったと言わなければならない。

†　新しい学

ヘーゲルの近代的理性の概念が明らかにしているように、近代の世界を駆り立ててゆく原理は、対象的世界とわれわれによる製作的世界の同一視という点に求めることができる。レーヴィットがヴィーコの基礎命題の中に見出したものは、まさにこのことであった。しかしレーヴィットも明らかにしているように、ヴィーコの基礎命題はもともと近代的な「新しい学」を基礎づけるという観点から提出されたものではなかった。ヴィーコの代表的な著作の題名は『新しい学（*La Scienza Nuova*）』ではあったが、彼の学は基本的にデカルト派の自然学に対する論駁のために著されたものであったからである。それは一般に考えられていたような「新しい学」の対極に位置する立場から、したがって興隆しつつあった自然科学に反対する、それゆえむしろ「反時代的」と呼ばれるに相応しい立場から提出されたものであった。しかし反時代的なものが時代を先取りし、その時代には視界にすら入らなかったことに目を向けていたというようなことは、大いに有り得ることである。ヴィーコの学にはまさにそのことが当てはまる。要するにヴィーコの反時代性はまさに彼の学が「新しすぎた」ことに基づくと解することができるのである。

かくしてヴィーコの学は反時代性と真新しさの両面をあわせ持つものであったと言うべきであろう。あるいはむしろこのことを言い換えて、彼の思考には学にとって何が「新しく」何が「古い」のかについて考えさせるものがあると言ってもよい。それゆえにヴィーコに触発されて、学問の「古さ」と

「新しさ」の意味について考えてみることは、大いに意義のあることであるように思われる。

それというのも、とりわけ近代科学の思考法に馴らされて以後、われわれは知らず知らずのうちに、学問の革新であるとか真新しい知を求めるといったことに、完全に心を奪われてしまっているからである。それゆえここで、ヴィーコの命題の中に盛り込まれた思想の真意を探り、この命題の受容の歴史を振り返ってみることによって、今日その限界をますます露呈させつつある近代科学の根本的問題が何であるかを明らかにするための鍵を入手することができるように思われる。

ヴィーコが『新しい学』の中で明らかにした思想の核心は、次のような言葉の中に要約的に述べられている。ヴィーコは言う。

しかしわれわれ自身からかくも遠く隔たった原初の古代を包む深き闇夜のなかに、疑いえぬ永遠の消え入ることなき真理の光が輝いている。その真理とはすなわち、この国家社会の世界はたしかに人間によって作られたものであり、それゆえその原理はわれわれ自身の人間精神そのものの変様のなかに見出される、というものである。このことに想いをいたす者の誰もが驚かざるをえないことは、これまで哲学者たちの誰もが、神がそれを作ったがゆえにただ神のみが知る自然の世界の研究に彼らの全精力を傾けてきたこと、そして彼らが、人間たちがそれを作ったがゆえに人間たちが知識を得ることのできる諸国民の世界、すなわち国家社会の世界の研究を等閑に付してきたということである。(13)

このようなヴィーコの言葉の中に、まさに自然と人間の世界についての新たな知の基礎を打ち固めていたデカルト派の提示した科学的な学知とは異なる、「新しい」学知の世界の存在が告知されている。

3　「伝統的理論」と「新しい学」

† 近代的理性の腐食

二十世紀も最初の三分の一以上が過ぎた頃、アドルノとともに『啓蒙の弁証法』を著し、近代的理性に潜んでいるパラドクスを指摘したマックス・ホルクハイマー(14)は、デカルトによって切り拓かれた近代科学の地平に対して「伝統的理論」なる名称を与え、それの「弁証法」的転倒によって引き起こされる「悪の全体主義的支配(15)」に対して備えをなすよう警告を発した。それが「伝統的」であるか「近代的」であるかはともかくとして、そこには、数学的物理学によってその基礎を与えられている科学の合理性には、あまねく啓蒙あるいは合理化を転倒させる因子が刻み込まれているという主張が含まれていたのである。

近代合理性にはらまれているこの危険な因子は、一部の人々には、かなり早い時期から予感されてはいた。とりわけフランス革命の中で理性崇拝が過激な破壊主義に結びつくことが判明したとき、革命以後の社会が不安定化する中で伝統との性急な断絶に違和感を抱き始めた人たちの中には、そのような理性信仰に疑念を表明し、伝統的なものの擁護を唱え、革命に対する反動に立場を転じる者も現われ始めた。しかし近代的理性と近代合理性のこの難点は、その後進性のゆえに過激化を免れたドイツ的理性理解によって、その後しばらくのあいだは問題が解決される方向に向かうかに見えた。言い換えれば、歴史学派による「民族の精神」の仮定、さらにはまたカントやヘーゲルの歴史哲学的理性による難点克服の試みによって、近代合理性の問題は、一旦は解決されたかあるいは少なくとも後景に退けられたかに見えた。しかしそれによっても、問題それ自体が最終的に解決されたわけではなかった。いわば問題の露呈が繰り延べられたということでしかなかったのである。

かくして歴史の哲学によってもなお克服することのできなかった近代的理性の困難は、マルクスの唯物的社会理論に、あるいは意志の哲学に、その解決が委ねられることになったが、そのような解決の試みも、闘争の決断へと単純に人々を駆り立てるか、そうでなければ人々を内面的世界へと沈潜させ、さらなる困難へと導く以上の解決策を提示するものではなかった。そのような窮境の中でニーチェによる「ニヒリズム」と「超人」の到来の予言は、西洋のプロジェクト全体に対する否認の表明であったが、そこには近代性問題の十九世紀的解決が不可能であることの宣告が同時に含意されていた。この宣告に付言されている「理性のカテゴリーを信じることがニヒリズムの原因である」[16]という言葉には、明らかに近代的理性の終焉が確認されていると言ってよい。

それ以後哲学者たちは、ホルクハイマーやアドルノに限らずハイデガーもシュトラウスも、ニーチェのこの宣告を真剣に受け止めなければならなくなった。彼らはヨーロッパ的学知の「危機」を語ることを余儀なくされたエドムント・フッサールの示唆を受け、自然は数学的方法によってあまねく記述され得るとする考えに導かれていた近代的自然科学の理念の批判を開始するとともに、近代合理主義それ自体の、したがってまた近代的理性そのものに対する批判と、それに対置されるべきポストモダン的理性の提示を試みなければならなくなったのである。

先にホルクハイマーの用語を借用して言及した「伝統的理論」とは、数学的思考モデルに則った自然学をあらゆる知識の基準となすことによって成立する学知のパラダイムといってよいであろうが、それが「伝統的理論」の名でもって呼ばれたのは、彼がそれに対して「批判的理論」という名の「新しい理論」を対置しようとしていたからであった。その意味からすれば、ここで言われている「伝統的理論」とは、明らかにデカルトによって設えられた学知を指すものであったし、それゆえにまた「批判的理論」はそのようなデカルト的な学知に対して対置される「新しい学」に他ならなかった。

ところで、この章で取上げられようとしているヴィーコの学にも、「新しい学（Scienza Nuova）」の名が冠せられていた。この名称からするかぎり、少なくともヴィーコは、「批判的理論」に先立って、「伝統的理論」批判に取り掛かっていたと見ることができる。ヴィーコのデカルト批判はその意味では、二十世紀になって試みられることになる近代合理主義と近代性それ自体の批判の先駆けと見ることができるのである。ヴィーコの思考には近代合理性批判の行く手を照らし出す視点がすでに備わっていた、あるいはポストモダンの地平を見据える射程を備えていたのである。

†「明晰かつ判明」と「伝統的理論」

それゆえここでは、ヴィーコの試みの立ち入った考察に先立って、しばしデカルトの「明晰かつ判明」な科学の理念に目を留め、ここに言うところの「伝統的理論」の合理性概念がいかなるものであったかを確認しておくことにしよう。

デカルトは『方法序説』の第二部で、事物を認識するための四つの規則を挙げている。その第一は、「明証性の規則」であって、偏見や即断を避けるために「明晰かつ判明」に精神に現われるもの以外のなにものも判断のうちに取り入れない、とするものである。第二は「分割の規則」であり、問題を解くために問題を必要なだけの数の小部分に分割すること、とするものである。第三は「順序の規則」であって、それはもっとも単純かつ認識しやすいものから複雑なものへと順序を追って認識を高めるという原則である。第四は「枚挙の規則」であって、見落としがないことを確信できるくらいに完全なる枚挙と全体にわたる通覧の原則である。

これらのうち、第一の規則として挙げられた「明晰かつ判明」の規則こそ、その順序から言っても、デカルトの考える近代的な学の中心に位置するものであることは疑いえない。

ところで、デカルトの学がこのような「明晰かつ判明」という原則の上に基礎づけられるといわれるその根拠としてまず挙げられなければならないのは、彼の学が幾何学をモデルとして構想されたものであったという点である。このことはデカルトがそれに続けて述べている次の言葉からも明白である。

幾何学者たちが彼らのもっとも困難な証明に到達するために用いるのをつねとする、まったく単純な容易なもろもろの推理の、あの長い連鎖は、私に次のようなことを考える機縁を与えた。すなわち人間の認識の範囲に入りうるすべての事物は、同様なしかたで互いにつながっているのであって、それらの事物のうち、真ならぬいかなるものも真として受け入れることなく、かつそれら事物のあるものを他のもののから演繹するに必要な順序をつねに守りさえするならば、いかに遠く隔たったものにでも結局は達しうるのであり、いかに隠されたものでも結局は発見しうるのである、ということ。(17)

この引用句は、デカルトの学を特色付ける「明晰かつ判明」がどこから出てきたのかを裏付けるものと言ってよい。

第一の規則が、数学とりわけ幾何学からの類推によるものであること、そしてまた、分析的手法がそこから出てくる第二の規則も、さらには「論証」に関する規則とも言い換えられうる第三の規則も、最後に全体を見渡す第四の規則も、いずれも幾何学的思考に由来している。それゆえデカルトはまた、

それまでに学問において真理を探究したすべての人々のうちで、いくつかの論証を、すなわちいくつかの確実で明証的な推理を見出しえた者は、ただ数学者のみであったことを考えて、私は数

学者が吟味したのと同一の問題をもってはじめるべきだということを疑わなかった[18]。と述べて、「明断かつ判明」の出所を再確認している。

デカルトはまた、「私の自然学の基礎原理はすべて明証的であってそれを理解すれば直ちに真だと信ぜざるを得ぬほどであり、かつまた必要とあらばどの原理にも私は証明を与えうると考える[19]」とも述べているが、自然学がこのようなものであるためには、まず認識される対象としての自然的世界が一定の法則をもった世界でなければならない。ところでその法則とは、「神が自然の中にしっかりと定めているものであり、かつその観念をわれわれの精神の中にしっかりと刻みつけているもの[20]」であるから、デカルトは「それについて十分反省しさえすれば、それら法則が、世界において存在し生成するすべてのものにおいて厳格に守られていることをわれわれは疑いえない[21]」と述べることができたのであった。

彼はまた、

たとえ神が、はじめに世界に対して混沌の形態をしか与えなかったと仮定しても、同時に神は、自然の諸法則を定め、自然が通常の仕方ではたらくように協力を与えたとさえ考えるならば、ただそれだけで、純粋に物質的なすべての事物は、時とともに、われわれが現在見るようなものになりえたであろうと、かの創造の奇跡をなんら損なうことなしに信じうるのである[22]。

とも述べている。これらの言葉からも明らかなように、われわれが明晰かつ判明なる一連の命題による推理の連鎖によって自然的世界の認識に達し得るのは、神が自然とわれわれの精神の中に「一種の真理の種子（semences de vérité）」[23]ともいうべきものを植え付けておいたことによるのである。

ところでデカルトが何を根拠としてとりわけ自然の認識に関して「真理の種子」のようなものの存在を想定し得たかといえば、独特の神の観念とそれについての解釈があったからである。『方法序説』第四部の「明晰に判明に理解するところのものはすべて真である」[24]という命題すらも、「神があり現存するということ、神が完全な存在者であること、およびわれわれのうちにあるすべては神に由来しているということのゆえにのみ、確実なのである」[25]と言われていることからも明らかなように、「聖書」とりわけ「創世記」の解釈に基づくものだと言えよう。しかも、その解釈の下敷きになっているのが、彼の幾何学的な世界観であったと言いうるのである。

たしかにそのような解釈は、デカルトが物理的な量を幾何学的延長に還元したことに基づいている。『哲学原理』第二部の第四命題では、「物体の本性は、重さ、堅さ、色などといったものに存するのではなく、ただ延長にのみ存する」[26]と言われている。デカルトがその理由として挙げるのが、「物体に属しうる他のすべてのものは、延長を前提としており、延長をもつもののなんらかの様態である」[27]という点である。これが意味するところは重大である。「延長」というのは、まさしく幾何学が自らの考察の対象とするところのものだからである。つまり物体の本性が延長であるということは、われわれの外なる世界すなわち自然的世界は、幾何学的に捉えうる世界であるということに等しいからである。

こうして自然的世界は、純粋な数量的関係に還元されうることになる。それによってそれ以外の一切の物体の諸性質は、捨象される。世界は三次元の延長体であって、物体は長さ・幅・深さという延長の数量的形式になる。その場合、形や運動は、延長からすれば二次的なものにしかすぎない。かくしてデカルトにおいては、自然学は数学的自然学として確立されるに至るのである。

『哲学原理』第二部の最後の命題は、「私は自然学における原理として、幾何学あるいは抽象数学におけるのとはちがった原理を、容認もせず要請もしない(28)」というものである。デカルトは、その理由として、このようなやり方であらゆる自然現象が説明される、ということを挙げているが、これこそ自然学が数学的自然学として確立されたことを宣言するものにほかならないのである。ただし、神が自然を一挙に作り出すわけではない。神はただ物質を作りそれに運動を与えた以後は、それが自然法則に従って運動するよう、「ただその通常の協力をのみ自然に与える(29)」にすぎない。とはいえ、そのようにして制作される自然は、神が数学をもって作り上げた機械にほかならない。それゆえ数学よって自然を理解する術をわれわれは手にすることになるのであるが、そうして捉えられる自然は、機械としての自然でしかありえないのである。

しかしデカルトの学問理念を支えている「明晰かつ判明」は、ある意味で同語反復的であると言えるのではないだろうか。さきに挙げた四つの規則のうち、第一の規則が最初に含んでいるもっとも

「明証的に真である」ものがそうであるのは、それが「神の制作」によるものであったからだ。世界が神の制作によるものであり、われわれもまた神によって完全性の観念を与えられているがゆえに、明晰かつ判明な認識ができるのである。しかしそのように言うことは、ちょうど彼の採用した神の存在論的証明がそうであるように、神の制作によるものであるがゆえに世界は明晰かつ判明であると言うに等しいと言わなければならない。だとすれば、「明晰かつ判明」の哲学は、神の存在の仮説の上に成り立っていることになるのである。

スピノザの哲学において「自己原因」「実体」「存在」「神」といった概念が「定義」によって与えられたのと同じように、デカルトの「明晰かつ判明」の哲学にあっても、無限なる実体としての「神」は仮説でしかなく、論証によって導かれたものではない。だとすればそのような仮説の上に立って導かれる知は、「明晰かつ判明」であるとはいっても、それがそうであるのは「仮説」的にそうであると言っているに等しいのである。いずれにせよデカルトの哲学は、したがってまたそれを起点とした近代の哲学は、「無からの創造」という哲学的問題には何ら答えを出していないのである。それゆえにその知は、永遠に仮説的な知であり続けなければならないのである。

†「新しい学」の対象としての製作的世界

ところがまさに、デカルトによって打ち立てられた学がこのような性格のものであったがために、彼の学問的知識の中には、蓋然的な知にとどまらざるを得ない歴史的な学問領域の入り込む余地はなくなってしまった。しかし神の創造によるものがわれわれの認識を超えたものであったとすれば、どうであろうか。実際、神の創造によるものである「自然」は、われわれの認識能力の権内にあるとは限らない。このような理由を持ち出してデカルトの考えに真っ向から反対したのが、これから述べるこの章の主人公、ジャンバッティスタ・ヴィーコであったのである。

先に引用した『新しい学』からの一文は、ヴィーコのデカルト自然学に対する最終的な立場を表明したものである。すでに見たように、自然学を数学的方法によって基礎づけ、こうして確立された数学的自然学をもってもっとも確実な知識・真理に達しうる学と見なしたデカルトに対して、ヴィーコは、かの「自然は神がそれを作ったのであるから自然についての真の知識を有するのは神のみである」という原理を対置する。ヴィーコのこの主張は、数学的自然学そのものを否定するのではないが、その限界を明らかにすることを意図するものであると言ってよいであろう。ヴィーコは、数学的方法に基づけられた自然学によって自然が解明し尽くされるとする思考法に異議を唱え、人間が作る法律や国家制度の世界、総じて歴史的世界こそ、われわれがそれを作っているがゆえに知識や真理に達しうる学問的領域である、と主張したのである。

ヴィーコのこのような独特の学問観の基礎は、「真理の基準ないし尺度は当の真理自体を作ったということ」[30]にある、とする考えによって支えられている。この考えは、一七一〇年にナポリで出版された『イタリア人の太古の知恵』において、明確に表明されることとなったものである。その書物は、形而上学、自然学、倫理学、の三部からなるものと構想されながら、自然学、倫理学の部分は現存しておらず、第一部の形而上学の部分だけが、今日のわれわれの目に触れるものとなっている。この書において、その第一章の冒頭に掲げられた、

古代ローマの人々にとっては〈真なるもの〉（verum）と〈作られたもの〉（factum）とは相互に取り替えられる（reciprocantur）、あるいは学校で一般にいわれている言い方に従うならば置換される（convertuntur）。(31)

という命題が、全編にわたって様々な角度から、さながらこの命題を主題とした変奏曲のごとくに展開されている。ヴィーコはこの命題を提出することによって、当時ヨーロッパの各地で名声の絶頂にあったデカルト派の新しい自然学、すなわち数学的自然学とは異質の学的体系を提示しようとしたのである。

†　ヴィーコのデカルト批判

デカルト的な明晰判明であることをもって真理の基準となす学は、蓋然的な知識を一切、学から排除することによって成立するものであった。『方法序説』の第一部で、デカルトが、

書物による学問、少なくともその推理が蓋然的であるにすぎず、何等論証を伴わない学問は、数

多くの様々な人々の意見から少しずつ組み立てられ、増やされてきたものであるから、良識あるひとりの人が、眼の前に現われることがらに関して、生まれつきのもちまえで行ないうるシンプルな推理ほどには、真理に近くはありえない[32]。

と述べていることからも、そのことは明らかである。この言葉が示すように、デカルトの真なる知識には、蓋然的な知識、すなわち人間とその行為及びその行為の結果であるところの歴史が取り扱うような知識を学に組み込む余地はなかった。それゆえ彼はそれらの知を学から排除したのである。

古い書物を読んだり寓話や歴史的物語に耳を傾けたりすることは、デカルトにとっては、判断力を養い精神の高揚をもたらすものではあっても、そうしたところから得られる知識は、確実性と明証性を旨とする彼の学問理念とは相容れなかった。それとともに雄弁術や詩も、デカルトの学問の内に場所を持たなかった。デカルトの学は、こうした文献学的知識を排除したところに成立するものであった。デカルトが「書物の学問をまったく捨てた」と述べた背景には、このような人間の行為や社会の問題、総じて歴史の問題を取り扱う学問の捨象という事態が存したのである。

ヴィーコの先の命題は、このようなデカルト的な学とは別個の学の理念を提示するために提出されたものであった。ところがヴィーコもまた、先の命題を提示するしばらく前には、デカルトと同じように歴史的な知識に関わる学を軽蔑するような言葉を述べていた。ヴィーコの次の言葉は、デカルトの立場とそのニュアンスに微妙な違いがあるとはいえ、彼がデカルトと歴史的‐文献学的な知識を一段低い知識とみる立場を共有していたことを示している。

ヴィーコは歴史的－文献学的な知識に対して、以下のように述べていた。

文献学者よ、あなたはローマ人の家具や衣服に関してあらゆることがらを知っており、自分の町のそれよりもローマの街路、区域、地方に通じていることを誇りに思っておられるようだが、それがいったい何の自慢になるというのか。あなたはローマの陶工、料理人、靴屋、呼び出し係、競売人が知っていたこと以外の何かを知っているわけでないのである。(33)

ヴィーコのこのような言葉から、歴史的な知識に関して、デカルトとヴィーコの間に必ずしも最初から対立があったわけではないことが分かる。しかし両者が歴史的な知識を非真なるものとして軽蔑的な目で見ていたとしても、その見方には違いがあった。デカルトにとっては、歴史とは伝聞や伝承による知識や物語であり、寓話と同列のものですらあった。そうであるがゆえに、もし「明晰かつ判明」なる一連の命題による推理の連鎖の中にこのようなわれわれを欺く可能性のあるものを含み込ませるなら、そのような推理によって成り立つところの学全体の真理性が損なわれることになる。

† 自然の学から諸国民の歴史の学へ

デカルトがこのような理由から歴史的な知識を退けたのに対し、ヴィーコは文献や伝承による知識は実際にその歴史的出来事をつくりだした者の知識には及ばないという理由から、それを一段と低い知識であると考えた。しかしヴィーコが「諸民族の世界が間違いなく人間によって創られた」ものであることに気付いたとき、彼の「新しい学」は、デカルト的な「自然の学」とは正反対の、「諸国民の世界」ないしは「国家制度の世界」についての学となった。ヴィーコの学問観の転換は、それゆえ彼が「真理の基準ないし尺度は当の真理自体を作ったということである」という原理を採用したことに基づいている。

ヴィーコがこの命題に行き当たったのは、自然学に幾何学的方法を取り入れることの是非を吟味することを通じてであったように思われる。ヴィーコは『われらの時代の学問的方法について』と題された講演において、自然学の中に幾何学的方法を取り入れる人たちを、「法外な作品を建てる建築家」[34]に譬え、彼らは「世界というこの驚くべき機械が至善至高の神によって建設された際に基礎になったとされる諸原因を描き出している」[35]と述べ、そこからデカルト的自然学の基礎の吟味に乗り出していく。そしてヴィーコは、このような幾何学的方法によって基礎づけられた自然学とそれによって発展させられた機械学のもたらす成果を十分に認めながらも、しかし「幾何学的方法の力によって真理として引き出された自然学のことがらは単に真らしいだけのことであり、また幾何学から確かに方法は得ているにしても、証明を得ているわけではない」[36]と述べ、それらが蓋然的な知でしかないと主張するのである。

それではなぜこのような自然学的な知識が蓋然的でしかない、と言われるのであろうか。ヴィーコは次のように言う。「われわれが幾何学的なことがらを証明するのは、われわれがそれを作っているからである。もしかりに、われわれが自然学的なことがらを証明できるのだとすれば、われわれはそれを作っているということになってしまうであろう[37]」と。ヴィーコがこのように言うことによって言い表わそうとしたことは、もちろん直接的には、デカルト的自然学が蓋然的知識でしかないということであったが、それにとどまらず以下のこともまた、そこに含まれていたように思われる。

第一には、ヴィーコにとってもデカルトにとっても、同様に、幾何学は学問的知識の範型ではあったが、ヴィーコにとって幾何学が学問的知識であるのは、デカルトにとってそうであるのとは違った理由からであったということである。ヴィーコにとっては、デカルトとは異なり、明晰判明であることが真理の基準であるわけではなかった。「われわれの知性の明晰かつ判明な観念は、（他のもろもろの真理の基準でないことは言うまでもなく、）知性それ自身の規準でもありえない[38]」。なぜか。ヴィーコはその理由を、「知性が自己を知るとき、知性はそれを作ってはいないからであり、そしてそれがそれ自身を作ってはいないがゆえに、それ自身を知る類型あるいは様態を知ってはいないから[39]」であると述べる。

第二には、自然学を幾何学的方法によって基礎づけることはできないということ、これである。もし自然学が幾何学によって基礎づけられているとすれば、幾何学の真理性はわれわれがそれを作っているということにあるのだから、自然もわれわれによって作られうるものでなければならないことになる。ところが、われわれは一匹の蟻とて、これを作り出すことはできないのである。

ヴィーコの新しい学は、幾何学的知識の真理性を保証するものと同じ原則を基礎とするものでありながら、それでいて、自然学とは異なったものでなければならなかった。それゆえ彼の学は、これまでの自然学とは異なり真の意味で人間によって作られたものを対象とするような学でなければならなかった。

この学はまさしく幾何学と同じ進み方をする。幾何学が自分の原則の上に幾何学を構築し考案しながら、量の世界へと自己発展していくように、この学は点も線も平面も図型もない人間行為に秩序を見出し、そのことによってそれだけ一層現実の諸民族の世界の創造に関わって行くのである。そしてこういう証明は、神的性格を帯びたものであって、神にあっては認識と創造とは同一物であるから、読者よ、これによって諸君もまた神の喜びを味わうことができるであろう。(40)

かくしてヴィーコは、自然的世界ではなく、われわれによって製作された世界である「国家制度の世界」や「諸民族の世界」こそが、新しい学の対象とされるべき世界である、と考えるに至った。ところで、ヴィーコによる真理の基準の転換によって、古典哲学以来の最大のアンチテーゼであったドクサ（臆見）とエピステーメ（知識）ないしはアレーテイア（真理）の関係にも異変が生じていることが認められるように見える。ヴィーコ自身はあくまでこの伝統的な知の区分に忠実である。なぜなら彼は自然は神の制作によるものであるがゆえに、そのような自然についての真なる知識には至り得ないと考えていたからである。彼がデカルト的「自然学」に楯突いたのもこのような観点からであった。しかし、ヴィーコは「真理とは作られたもののことに他ならない」[41]ということによって、元来蓋然的な知識でしかないと考えられていた国家制度や諸民族の世界、一言で言えば歴史的世界についての知識こそ、自然についての知識以上に確実な知識であると言うのである。要するにヴィーコが言おうとしたことは、自然そのものの知には達し得ないということ、そうであるがゆえに、自然そのものを対象とする知の方はそれを断念して、代わりにわれわれが確実な知に到達し得る国家制度の世界に、つまりわれわれが製作したがゆえに接近可能な世界に、新しい学知の世界を見出すべきだと言うのである。

たしかにヴィーコにとっても、幾何学的真理が確実であることは疑いえない。しかしながらそれによって自然的世界の認識が確実なものとなるというわけにはいかない。なぜなら幾何学的な知と自然的世界の知とは同一ではないからである。それゆえ自然的世界を幾何学的世界へと還元することによって得られる知は、自然的世界そのものの知ではありえない。そうであるとすれば自然的世界を幾何学的世界へと還元することによって成立するデカルト的自然学は、本当の意味で自然を解明したものとは言いえない。ヴィーコのデカルト批判の要点は結局このことに尽きる。

ところで幾何学的な事柄が真であったのは、われわれがそれを作っているからである。ところが自然はわれわれの製作によるものではなく神の制作によるものである。ここから結論されることは、デカルト的「自然学」もヴィーコ的「国家的世界の学」も同じ基準の上に立っているということである。

いずれもわれわれが作ったものをその対象としているのである。こうしてデカルトとヴィーコにおいて真理が得られる領域は互いにまったく異なり、学的認識の性格もまたまったく異なるものとなったが、しかしデカルト的自然学に対するヴィーコの批判の論点を受け入れるなら、両者において真なるものが同一の基準で考えられていることが明らかとなる。この点で両者には繫がりが存している、つまり両者とも近代の地平に立っているのである。

デカルトはその自然学から期待される効用についてこう述べていた。

これによりわれわれは火や水風や星や天空やその他われわれを取り巻くすべての物体のもつ力とその働きとを、あたかもわれわれが職人たちの様々な技を知るように判明に知って、それらのものを職人の技を用いる場合と同様にそれぞれの適当な用途にあてることができ、かくてわれわれ自身を、いわば自然の主人かつ所有者たらしめることができる(42)。

つまり自然学は、ちょうど職人たちがものを作るように、われわれが世界を作り変えるのに役立ち、それによってわれわれをその所有者たらしめるための知識だと言うのである。

ヴィーコはデカルトが自然学的な知識と自然とを同一視したとして批判はしたが、機械学それ自体を批判したわけではなかった。人間の事物製作に寄せる思いは両者に共通している(43)。ヴィーコにとっても、「神が自然の制作者であるように、人間は人工によって作り出されたものの神」であった。というのも「自然が自然学上のことがらを生み出すように、人間の構想力（ingenium）は機械学上のことがらを案出する」[44]からである。ヴィーコからすればデカルトの誤りは、これら二つの互いに質を異にする神の制作と人間の製作を混同したことにあるのである。ヴィーコは人間知が有限で不完全なものであることを心得ていた。それゆえ彼は、自然の制作の方は神に委ねなければならなかった。しかし、機械学上の事柄に関しては、人間は丁度、自然に対して神が位置しているのと同じ位置にある。というのもわれわれがそれを作り出すからである。

†ヴィーコのポストモダン

しかしヴィーコの目に映った人間の製作による世界は、その当時はまだ職人的な製作が依然として主であったことにも規定されて、機械のような技術的製作の世界であるよりも「芸術的創作」あるいは一般に「詩作」のなかに数え上げられるものであるか、あるいは「国家的世界」や「歴史的世界」のように、人間の実践によって作り出される世界であるかのいずれかであった。それゆえヴィーコの「新しい学」は、後に「歴史」の概念によって把握されるようになる領域での人間の行為をその対象とするものとなった。しかしそれゆえにまた、彼の「新しい学」は、おそらくわれわれの時代のテクノロジーに支配された世界を射程に収め、それればかりか結果的には、テクノロジーの先をも見据えた学を提示するものとなったのである。彼の命題「真なるものとは作られたものと同じである」[45]は、一面では科学技術時代の真理を述べたものであると同時に、他面ではその時代の真理観をアイロニカルに否定する意味もそこには含意されている。少なくともここでは、彼が「レトリック」の意義を強調し、それを学問探求の主要部分に位置づけようとした人物でもあったということは見過ごされてはならない。

この点に目を向ければ、ヴィーコの「新しい学」は、少なくとも彼の時代においてよりもわれわれの時代においてのほうがいっそうよく理解されるものであったということになるかもしれない。実際彼の学問観に、近代の実験科学的な科学の立場と触れ合うものがあったことは確かである。彼は幾何学的方法を自然学に導入することには反対したが、プラトン、ピュタゴラス、ガリレオの名に言及しながら、「自然の個々の諸現象は幾何学に特有の成果である特殊なタイプの実験によって説明されねばならない」(46) と述べていることからも明らかなように、実験的経験科学を退けたわけではなかった。実験的科学の立場は、ヴィーコの自然学と相反するものでは決してなかったのである。

しかしハンナ・アーレントのように、ヴィーコは「もし近代の状況の下にいたならば、歴史に向かうことはまずなかったであろう。そしてテクノロジーに向かっていたことであろう」(47) という風に断定することはできないように思われる。というのも、自然あるいは対象的世界を無限に人間の人為的製作物に変えることによって成り立つ近代テクノロジーの世界が、かの基礎命題の認識の理念にもっとも合致した世界であるとは断言できないからである。それに加えて、ヴィーコの基本的な姿勢の中には、古代人の知と近代人の知を比較するときに見られるように、単純に近代の優位を主張することを拒む要素が読み取られうるからである。彼には近代人を超えたポストモダン人の側面もまた備わっているのである。

すでに見たように、真なるものと作られたものとが相互に置換可能であるというヴィーコの命題は、幾何学の真理性に関する考察から得られたものであった。ところで、真理の基準をわれわれが作ることができるか否かに求める考えは、ヴィーコ以前にも、たとえばホッブズの『人間論』や『数学の教授たちへの六つの講義』に付された「献辞」の中にも見出された。その意味では、この考えに関して言えば、ヴィーコはホッブズに従う弟子であったと言うことさえできるであろう。ホッブズは、幾何学が存在し論証可能であるのは、「われわれ自身が線を引いているからであり、また図形の生成は、われわれの意志によるものである」[48]と述べ、「われわれ自身が国家（commonwealth）を作っているから」[49]という理由で、国家社会の哲学も論証可能であると言う。「政治学と倫理学は、われわれ自身が諸原理すなわち正義の原因、つまり法や信約を作っているから」[50]ア・プリオリに論証されうると言うのである。ホッブズは、自らの学がデカルトのような自然の学とはならず、コモンウェルスの学となった理由として、ヴィーコと同じ「われがそれを作っているから」だという製作の原理を強調していたのである。

われわれが真に理解しうるものは、われわれが作ったものだけに限られる。だとすればわれわれは、その原因を知るというような意味での自然についての認識に達することはないであろう。というのもわれわれは自然を作ったのではないから。しかしそうであるからといって、自然科学が成り立たないというわけではない。自然を征服しその主人となるためには、その原因についての知にまで達する必要はないからである。自然を利用するためだけなら自然を知り尽くす必要はない。自然的過程が如何なるものであるかを知るだけで十分である。絶対的に確実な科学的知識に達することができるのはその原因がわれわれの内にある国家社会についてだけである。たしかにそこにおいては知の基準が変更されている。真理の基準が引き下げられているのである。

真理の基準の引き下げ、あるいは目標の引き下げは近代性を特徴づけるものである。この引き下げが意味するところは、プラトンが「およそものごとにはまさに何であるかということと、どのようなものであるかということとの二通りのことがあり、われわれの精神が知りたいと求めるところは、どのようなものであるかのほうではなくて、まさに何であるかのほうなのだ(51)」と述べて、哲学的探究を事物の「何であるか」についての知であることを明らかにしていたのに対し、ガリレオ、デカルト、ホッブズ、ヴィーコへと引き継がれ「科学」へと変貌し発展していった近代の「哲学」が、「何であるか」より「いかにあるか」についての探究へと姿を変えていった、ということのうちに示されている。

マキアヴェッリ、デカルト、ホッブズらの学問観の延長線上にある近代性の立場は、これまで見てきたように、デカルトにおいては自然学の数学的自然学への還元として、またヴィーコやホッブズにおいては国家的世界や歴史的世界の学の確立として具体化されていった。それらは「自然」と「人為」という古典哲学以来の根本的二項対立の近代的な解決を意味した。近代という時代が合理化の過程であるとともに物象化という非合理的なものの再生産の過程とならざるを得なかったとすれば、このような近代的な仕方での「自然」と「人為」の二項対立の解決に問題が存していたと考えなければならないのである。

4　歴史の観念と歴史意識

†自然と人為の再吟味

「自然」と「人為」という二項を対立させる思考法は、古代ギリシアにおいて哲学的な思考が出現する際に重要な役割を演じた。ソクラテス裁判で問われた最大の問題は「法」の問題であったが、その問題の根底には「正しいことはただ人々の合意や取り決めによって存在する」するのか、それとも「自然本来的な法」が存在するのかという問題があった。法や正義の根拠が合意であるとする立場は「コンヴェンショナリズム」と呼ばれるが、この考えは時として社会を混乱に陥れることになる。正しいことがもし「取り決め」や「合意」より他に根拠を持たないとすれば、国家や社会の「法律」はそれが正当であることの客観的な根拠を何ら持たないことになる。古代のコンヴェンショナリストたちのうち、とりわけ急進的なソフィストたちは、そこから既存のポリスの法を疑問視し、改めて「自然」に正義の基準を見出し、それに照らして人為的なものとしての法（ノモス）やポリスを否定する主張を展開した。

ところで「自然」を規範とする考えは、古代のコンヴェンショナリストたちにもソクラテスやプラトンらの哲学者たちにも共通して見られた。というよりもむしろそのように考える点では両者のあいだに一致が存した。両者には自然と人為の区別があらゆる区別のうちでもっとも根本的な区別であるとする点でも共通するものがあった。両者のあいだに差異があったのは「自然」をどう解するかという点においてであった。規範であるべき「自然」をいかなるものと解するかは、結局万物の尺度を人間とするか神とするかによって決せられる。古典的哲学とはこの問題に答えを見出そうとする試みであったと解することができる。

ところで近代の有力な思想は、自然のうちに規範を見出そうとする試みそれ自体を否定する。自然が規範であるとする考えは神秘的だ、というわけである。そこから自然の方が人間の作為よりも高い尊厳を有する、という古代のコンヴェンショナリズムと古典哲学に共有されていた前提が退けられる。そしてそこから、近代に固有の考えは、人間および人間の作為を自然的なものと見なすか、自然の領域と自由あるいは歴史の領域との二元論を主張し、人間的世界すなわち人間の創造になる世界が自然よりも高い尊厳を有する世界である、と主張するに至るのである。いずれにしても近代の見解は、正なるものや真なるものの基準を自然に求めることを拒否する。とりわけ本論の関心事である正に関して近代に固有の見解は、自然的正の存在を否定し、正しいことはもっぱら人間の取り決めによって存在すると考える。この点では近代に有力な思想と古代のコンヴェンショナリズムとのあいだには共通点が存するのである。

これらの考えは、一般に、価値を人為的なものと考えるという点で共通している。それによれば、善きこと、正しいこと、美しきことなどはわれわれによって定められる基準より他には何等の基準をも持たない。こうした価値の基準はわれわれの取り決めによるのであって、客観的な基準なるものは存在しないというのである。そこから一般に学の根拠をなす真理の基準もまた人為的なものと見なされることになる。

十八世紀の革命は、ヘーゲルが指摘したように、哲学が基になって引き起こされた、と言われる。しかしその際、哲学によって意味されていたものは、自然権の理論にほかならなかった。十八世紀の革命家たちは、自然に訴えることによって既存の権威に立ち向かったが、彼らが自然によって理解したものは、社会の自然的かつ合理的秩序であった。ところでこの自然的合理的秩序は、不変かつ普遍的規範によって基礎づけられていなければならなかった。しかし普遍的規範は余りにも高く、既存のあらゆる秩序は言うにおよばず新たに打ち立てられるべきあらゆる秩序も、このような普遍的原理に照らしてみれば到底それには及びそうにもない。このことが人々に意識されるようになったとき、自然を範とした秩序に比べて一段劣りはするものの次善であるような秩序とそのための原理が重要であると考えられるようになった。近代に特有のこのような考えの直接的起源は、過去との暴力的断絶を準備した近代ブルジョワ革命の理論すなわち近代自然権理論に対する反動として出現してきた思想の中に見出される。

過去との暴力的断絶を企て、しばしば国家社会を攪乱《かくらん》し窮地に陥れたることもあった思想近代自然権理論に対する反動として生まれ出てきた思想が、過去との暴力的断絶に対置したのは、叡知であり、伝統的秩序の保存と存続であった。そこで近代的理論の直接的な創始者たちのうちでも保守的な理論家たちには、この普遍的規範あるいは普遍的原理を否定するか、少なくともその意義を否定する必要が生じた。たとえばエドマンド・バークのような人は、理論的精神が実践の領域にまで侵犯することに反対し、理論だけでは実践の指針とはなり得ないことを主張しなければならなかった。最善の体制は理論による考案物ではない。それが自然に合致したものであるためには自然的過程を模倣したものでなければならないが、その模倣は計画や考案などの意識的作成によってなされるのではなく、長い時間をかけた歴史的過程を通じてなされるものなのである。もっとも賢明なる個人の考案によるものといえども長い時間をかけて多様なる偶然の中から生み出されたものに比べれば常に劣ると言わなければならない。かくして実践の領域の問題を解明するには、純粋な理論とは区別される別個の原理が必要となる。そしてそこから歴史的原理こそが唯一の原理であると主張されるにいたる。

かくして近代革命としてのフランス革命とそれが引き起こした動揺と不安定が、斉一的で普遍的な原理に代わる歴史的原理の生みの親となったのである。それゆえ歴史の思想は、直接的には近代市民革命を導いた普遍的原理の抽象性に対する反動として出現した。すなわち普遍的な原理に従って新たに作り出されるべき体制の抽象性に対して、時間的場所的なものの優位性、つまり普遍的なものに対する相対的な原理の意義が承認されるべきことを主張する中から、それは出現してきたのである。

近代という時代は、存在と当為、理想と現実との克服することのできない懸隔《けんかく》に対する不満から出発したと言ってもよいが、それゆえにそのプロジェクトは、まさにそれら両項のあいだに横たわる深淵を埋めんとする試みとなった。すでに見たように、近代の最初の試みにおいては、当為を低めることと、理想あるいは目的を低く設定することによって、両者を橋渡しする道が模索された。それはマキアヴェッリにあっては、道徳的政治的問題を技術的問題に還元すること、ホッブズにあっては自然法を人間のもっとも低次なところに起源を持つ自己保存の権利としての自然権から基礎づける試みとして現われたのである。

レオ・シュトラウスによって近代性の「第一の波」と名付けられたプロジェクトは、人間の目指すべき「目標」を引き下げること、つまり人間の目指すところを正義や人間的卓越性にではなく善悪無記の純然たる「力」に置き換えることによって行なわれた。この方向は、ジョン・ロックにおいて、ホッブズの基本的な目論見を引き継ぎながらも、ある一点での変更を通じて、古典的理論の道徳に代わる別個の方向性を見出すことに成功した。その変更によって、「力」や「武力」よりも食料や財産が人間の自己保存にとって不可欠なものとされることになったのである。経済的手段による政治的問題の解決というこの方向性は、アダム・スミスによって引き継がれることによって、いっそう鮮明になっていった。

†　ルソーの反逆

ルソーの異議申し立てはまさにこの点に向けられた。「むかしの政治家たちは、習俗と徳のことをたえず口にしていたが、今日の政治家たちが語ることといえば、商業や金銭のことばかりである」(52)。

ルソーが近代的なものの第一の波が引き起こした諸帰結に対して対置したものは、徳および都市の世界であった。それはまたブルジョワの世界からシトワイアンの世界への回帰の提案を意味してもいた。しかしルソーのこの批判も、近代的なものが抱えていた問題を根本的に解決する方向を見出すにはいたらず、かえって「意識的にせよ無意識的にせよ、近代的なものの一層根源的な形態へといたる運動の第一歩」(53)としかなり得なかった。ルソーこそ、そこからカント、ヘーゲル、ロマン主義の思想、さらにはマルクスの思想へ展開される要としての役割を果たす思想家なのであった。

† 自然状態の再考

ルソーは、『不平等起源論』に添えられた「ジュネーヴ共和国にささげる」という頌辞《しょうじ》の中で、ローマ人こそが「あらゆる自由な人民の模範」であり、もっとも尊敬すべき「厳格な風俗と誇り高い勇気」を備えた国民であると述べていた(54)。このような古代ローマに対する讃辞、とりわけローマの市民にして政治家であったカトーに対する讃辞は、古典的な徳への回帰を主張する彼の立場を端的に表明したものにほかならない。しかしルソーは、古典的な徳の概念をそのまま復活させるわけにはいかなかった。それゆえ彼は「徳」を再解釈しなければならなかった。彼がそうしなければならなかったのは、彼がホッブズおよびその後継者たちから近代的な「自然状態」の概念を受け継いでいたからにほかならなかった。このことによってルソーは、自然と人為という古典哲学の生成と根本的な関わりをもつ対立項の問題を改めて問いなおさなければならなくなったのである。

ルソーは「社会の基礎を検討した哲学者たちは、みな自然状態にまで遡る必要を感じた。しかしだれひとりとしてそこへ到達した者はなかった[55]」と述べることによって、自らもまた、ホッブズ以来の近代自然法理論の伝統に立っていることを表明しながら、この伝統がもっていた自然状態説の自然理解の欠陥を克服すべきことを宣言する。

ルソーによれば、とりわけホッブズの自然状態の理解には欠陥があった。新たな社会の像を正しく描き出すためには、人間の本性（自然）についての正確な知識を必要とするのであるが、そのような理解に達するためには、人間本来の素質と、後に環境に適応するために訓練によって獲得してきたものとを、区別しなければならない。しかしホッブズはそれとは反対に、「社会の中で得た観念を自然状態の中に移し入れる[56]」ことによって人間の自然を理解しようとした。それがために彼は、人間の自然を邪悪なものと捉え、自然状態を「戦争状態」と捉えることになったというのである。

ルソーがホッブズの自然状態説の難点を克服するために提案したのは、自然状態における人間はその努力によって獲得してきたものの一切を剥ぎ取ったのちに残るような人間でなければならない、という点であった。「このように構成された存在から、彼が授かったかもしれないすべての超自然的才能と、長い間の進歩によって初めて獲得できたすべての人為的能力とを剥ぎ取ってみる[57]」というのが、改めて自然状態を描き出すためにとられたルソーによって採用されたやり方であった。それは「人間を自然の手から出てきたままの状態で考察する」ことであるとも言われている。しかしこうして把握された自然状態は、ルソー自身が明らかにしているごとく、「もはや存在せず、おそらくは存在したことがなく、たぶんこれからも存在しそうにない一つの状態[58]」であると言わなければならない。

ルソーの描き出す自然人は、頑丈で敏捷な身体をもち、僅かな武器を持つだけで獰猛な野獣と渡り合える勇敢な未開人、言語も技術も理性も道徳性も持たず、ただ「自己愛（amour de soi）」と「憐れみの情（pitié）」というごく基本的な自然的感情に基づいて振る舞うところの存在でしかない。ルソーが描いた自然人は、このようにほとんど他の人間との繋がりを持たない孤立した個人であった。ルソー自身がその名前を挙げていることからも窺われうるように、彼の念頭にあったこのような自然人のモデルが、ベネズエラのカライブ人や南アフリカのホッテントット人たちであったことは、想像に難くない。

ところでこのような頑丈で強壮な身体を作り出すものは、自然の選択にほかならない。ルソーが「自然はりっぱな体格の人たちを強くたくましいものにし、そうでない人をすべて亡ぼしてしまうのだ」と述べ、自然が人間に対して課する試練を、子どもたちを強くするために様々なことを規定したスパルタの法律に譬えている。このことからも窺われるようにルソーの自然人のもう一方のモデルは古代の共和国スパルタであった。古代ギリシアの都市スパルタは、『学問芸術論』において、「芸術と芸術家、学問と学者を城壁外に追い払った」人々として讃辞が贈られていた。それはルソーの自然人に、なお社会性というものを完全に捨象しきれていない人間のモデルを提供しているのである。

†　人為による自然の再興

ところでルソーが讃美してやまなかった古代ローマの共和国の有徳的市民と、自然状態における人間とのあいだには、決定的な断絶が存する。前者は社会を前提しているのに後者はそうではない。そしてこの差異こそ、ルソーの二つの著作『不平等起源論』と『社会契約論』のあいだに横たわる溝をなすものなのである。前者は、自然状態における人間の自然的自由から、身分と財産の不平等、無益にしてかつ有害ですらあるような技術、奢侈と道徳的腐敗によって特徴づけられた社会状態、したがってまた過度の腐敗の結果人類が再びそこへと回帰してきた自然状態への人類の堕落を跡づけはするが、そこからの脱出のための指針を提示してはいない。それに対して後者は、社会状態の中でいかにすれば自由と平等という自然状態にはありながら以後失われてしまった理想を実現しうるかが、問題として立てられているのである。ルソーが自然人を純粋なものとして描き出そうとすればするほど、彼は人間を社会以前的なもの、したがって人間以下的なものとして描かざるを得なくなる。

ところで自然状態が人間以下的な状態であるなら、その中に人間に対する規範を見出そうとすることは明らかに矛盾である。それゆえルソーは、権利ないし正義の根拠を人間的自然の中に見出そうとする試みは放棄せざるを得なくなった。

ルソーは、『社会契約論』の最初の部分で、社会秩序がすべての権利の基礎となる神聖な権利であると述べた後、「この権利は自然から由来するものではない。それはだから約束にもとづくものである」と述べている。この言葉によって、『社会契約論』の議論が立脚する地盤が『不平等起源論』のそれと完全に異なるものであることが確認されうる。ルソーはそれ以前の自然法理論の自然状態説の問題点を鋭く剔り出したのではあったが、そうすることによって、それ以前の自然状態説が暗黙のうちに前提としていた自然のうちに規範を見出そうとする考えを否定せざるを得なくなったのである。

これに対するルソーの代案は、人間的なことがらは自然の賜物ではなく、自然を克服するために人間がなしたことの結果である、つまり「人間の人間性は歴史的過程の産物である」[59]というものであった。「歴史の概念、すなわち、人間が意図せずして人間的となる単一の過程としての歴史的過程という概念は、ホッブズ的な自然状態の概念をルソーが一層徹底的なものとなしたことからの一つの帰結である[60]。」ルソーの『社会契約論』は、人間が他者との関わりをもたない原始状態がもはや存続し得なくなった状態、したがって人間が生存して行くためには集合することによって新しい力を生み出していかなければならないような状態を前提としている。こうした前提の上に立って『社会契約論』では、「すべての人々と結びつきながら、しかも自分自身にしか服従せず、以前と同じように自由である」ような「結合の一形式を見いだす（une forme d'association）[61]」ことに全力が傾注されている。

ルソーの答えはよく知られているように、社会契約に基づいた一般意志への服従というものであった。ルソーはこれを自然状態から社会状態への移行と捉え、行為の原理に関しては、この推移の中に本能から正義への、道徳性の欠如から道徳性への、肉体的衝動と欲望から義務の声と権利への交替を見るのであるが、一言で言えば、それは人間以前的な行為原理から人間的あるいは理性的な行為原理への移行と言うことができよう。彼の一般意志に関する理論は、伝統的自然法理論に代わるべきものを提示しようとする試みにほかならなかったが、この伝統的自然法に代わるものは、結局理性の法ということであった。

しかし理性はもとから自然人に付与されているのではなかった。理性は獲得されなければならないのである。なるほど自然人には「改善能力（perfectibilite）」や社会的な徳にいたる潜在的能力は授けられてはいる。とはいえこれらの能力は、それ自身で発展するものではない。それらが発展させられるためには、外的な要因がそれに加わらなければならないのであって、そのためには、偶然の協力がなければならない。しかしともかく人間は、様々な自然的環境の中にあって、それに適応しながら自らの基本的欲求を満足させていかなければならず、そうすることによって知性を発達させて行くのである。そういった意味では、環境が思考力を発達させ精神に進歩をもたらすのである。しかしこのような歴史の過程は遠大な過程である。ルソーは「この自然、社会両状態を隔てる広大な空間にひたすら驚嘆するほかはないであろう(62)」と述べ、自然状態と社会状態のあいだに無限の時間的隔たりの存することを示唆している。自然状態はわれわれの目にしている世界からすれば「遥か遠方の起点」ということになるのである。この両者のあいだに存する無限の時間的広がりこそ、人間の理性を育て上げたものなのである。

ところでルソーによれば、自然状態から社会状態への移行は、一面では、人間精神の発展の過程であるが、他面では、不平等の起源と進行の過程でもある。それゆえその過程は必ずしも必然的な過程であるわけではなく、それが自然状態より明確に望ましいものへの移行であるとは言いえない以上、むしろ偶然的であると言わなければならないのではあるが、それにも関わらず、たとえ社会が不完全で悲惨と愚行の苗床であったとしても、理性は社会の中で、社会によって発達させられるのである。それゆえこの過程は、むしろ人間の知性に発達を強要すると言わなければならず、こうした知性の発達は必然的である。

歴史の過程が一つの目的に向かっていることが明らかに認められるなら、ルソーにしても、この過程が偶然的であるなどという必要はなかったであろう。しかしルソーは歴史的過程の結果が自然状態より望ましいものであるとは認めることはできなかった。もし歴史的過程が偶然的なものであるなら、それは基準を与えるものとはなり得ない。「歴史的過程は、その過程の目標や目的についての先行知識がなければ、進歩的なものとして認識されることはできない[63]」。それゆえ「歴史的過程は、それが有意味であるためには、真の公共的正義についての完全な知識をきわめなければならない[64]」のである。なぜといって、真の公共的正義の知識こそが人間に真の基準を与えるものだからである。

† 一般意志と歴史の観念

ルソーの一般意志の理論は、まさにこの課題に答えようとするものであったが、先にも触れたように、それは人間が共同せざるを得なくなった後になおかつ自然状態にあったのと同様の自由かつ平等の関係を保持しながら、人間的結合が実現される際の根本理論でなければならなかった。人々は社会的関係をとり結ばざるを得なくなったとき、自然状態は、もはやそこへと帰ることのできない理想となってしまう。一般意志はその状態にあって、行為の規範としての意義を有していた自然に代わって、正しく設立された社会に内在的な意志であり、自然状態がこのようなもはや実現不可能な理想であることが明らかとなった後、それに代わりうるおそらく唯一可能なる代替的原理なのである。ルソーはそれによって、存在と当為の隔たりを克服する超越的な自然法に代わりうる根本的原理としての内在的原理を提示したのであった。

しかしルソーとともにわれわれは新たな難題に直面させられることになる。その難題とは、このようなある一定の社会に内在的である一般意志が正義の究極的な基準であることになれば、カニバリズム（人肉食の習慣）を原理としているような社会の意志もそれと同様に正当なものになってしまうという問題である。一般意志は誤り得ないと言われる。しかし一般意志が常に正しいのは、ルソー自らがそれを論証しようとして提示している理由、すなわちそれが万物の秩序に従っているとか、それが各人の欲望の自然の表現であることによるよりも、むしろそれが契約という理性にかなった意志の行為に基づくという点に求められるのである。すなわち一般意志が常に正しいのは、その法の作成に際して万人が発言権を有しているがゆえなのである。しかし、一体、万人の意見がその中に反映されているからといってそれが正しいと言いうるのだろうか。むしろ一般意志の理論は、「民族の精神によって聖化されたあらゆる制度は、聖なるものと見なされねばならない」[65]とする立場へといたる道を掃き清めた、とさえ言いうるのではないか。

いずれにしてもルソーの一般意志の理論において、自然のうちに法の根拠を見出そうとすることは必要ではなくなる。あるいは彼の一般意志の理論は、もはや自然による基礎づけを必要としなくなると言ってもよい。つまり一般意志の理論において、意志の一般性あるいはその形式性とともに、人間の自然本性の考察から善や正を決定するという考えは、後に歴史と呼ばれるようになったものによって取って代わられることになったのである。ルソーのこの考えは、フランス革命を導く指導理念を提供したといわれるが、しかしこの思想は、革命に反対したかそれを歓迎したかに関わりなく、それ以後の思想家たちに継承され発展させられることになった。かくしてルソーによって暗示された、歴史的過程を通じた存在と当為の問題の解決という道筋は、バークを経由して、ドイツ観念論の歴史哲学へと受け継がれ発展させられて行ったのである。

このような歴史の哲学へと発展していったものの根底に存した事柄は、理性的なもの、永遠的なものの世俗化、時間化ということにほかならなかった。この世俗化および時間化は、基準そのものを歴史的過程のうちに内在化させることによって超越的基準を空無化する試みであった。その意味ではルソーは、やがてヘーゲルによって「現実的なものは理性的であり、理性的なものは現実的である」という言葉で言い表わされることになる歴史的過程を通じた理想と現実との統一という思想の、最初の表明者だったのである。

第三章　歴史の弁証法と人知による社会の制御

1　理想的と現実的

†　現実を見据える

近代の企ては伝統的なものに対するマキアヴェッリの現実主義的な反抗とともに開始された。マキアヴェッリの反抗は倫理的な徳や観照的な生のかわりに政治的力量（virtù）を対置する、というものであった。実現されることのないような理想の政治体制を思い描くことより、あらゆる社会が実際に追求するような目的によってわれわれの方向を見定めることの方が、格段に重要なことである。マキアヴェッリは目指すべき究極目標を低く設定することによってこの要求に答えようとした。人間いかに生きるべきかを考えることから行為の方針を導き出すより、現にいかに生きているかということから行為の指針を導き出すことの方が重要だと言うのである。目標実現の可能性を高めるために目標を低く設定すること、理想から現実へと目を転じること、要するに「目標の引き下げ」が必要であった。これこそ近代のプロジェクトが選択した方向性であった。

しかし近代性の第一の波が「善きこと」を「有用であること」と同一視する立場をあからさまに主張するに至ったとき、ルソーによる強烈な反対論が提出された。ルソーは近代性に対して古典的な徳を対置し、さらには原始の自然状態への回帰を主張した。しかしルソーのこのような異議申し立てにもかかわらず、近代性が選びとったこの方向性が逆方向へ向け変えられることはありえなかった。ルソーもまた、超越的な自然権によるよりも、社会あるいは歴史的世界に内在する一般意志によって、存在と当為の隔たりを融和させる道を主張しなければならなかった。歴史によって理想と現実との懸隔を埋め合わせるというこの解決法が、バークからカントを経てドイツ観念論へと引き継がれていった近代性の第二の波を形作った。

† 現実的なものは理性的である

こうした方向への展開、すなわち近代啓蒙が辿ったもう一つの道筋の頂点は、ヘーゲルの歴史の哲学のうちに見ることができる。『法哲学』序文に見出される「理性的なものは現実的であり、現実的なものは理性的である」[1]という言葉は、マキアヴェッリによって開始された近代の企ての最終決着、すなわち理想と現実の和解の達成宣言と読むことができる。

この言葉は、若きヘーゲルの次の言葉と考え合わせてみるといっそうよく理解できる。それは「われわれは理想をわれわれの外におくことはできない。そうすればそれは一つの客体であろう。それをわれわれの内だけにおくこともできない。そうすればそれは理想ではないであろう[2]」、というものである。この言葉はヘーゲルがカントの立場から離れようとして独自の立場を模索する中で表明されたものである。とりわけ「理想をわれわれの外におくことはできない」という言葉には、理想主義的なカント的実践理性の立場からの離反が表明されている。

青年時代のヘーゲルは、カントの「道徳性」の立場がユダヤ教の精神と同一の基盤に立つと考えるようになって、両方の立場を超えていく論理を模索し始める。その際ヘーゲルは、これら両思想に「理想をわれわれの外におく」という姿勢が共有されていることを指摘する。ユダヤ教もカントの道徳性も、理想を外に立てることによって、人間がこの理想に支配されるという構造が出来たというのである。先の言葉は、ヘーゲルが、一時期自らもそれに依拠していたカントの道徳理論のうちにユダヤ教的な支配と隷属の構造が存するのを見出したときに発せられたものなのである。

†　目標の引き下げ

ところで「理想をわれわれの外におく」というのは、理想と現実とが完全に乖離してしまっていることを言い換えたものと見てよい。それは理想が実現されることのない純然たる理想となっている状態と言ってよいであろう。たとえばイエスが登場した時代のユダヤ民族の状態とか、マキアヴェッリの時代のイタリアの状態がそうであったと言いうるであろう。ヘーゲルの生きていた当時のドイツもまたそういった状態にあった。「理想をわれわれの外におく」という言葉に含意されていたのは、そういった時代の理想と現実の隔たりの意識にほかならなかった。当時のヘーゲルにあったそのような意識は、遅れて近代を迎えようとしていたヨーロッパ後進地域の知識人に共通するものであったが、その意識こそが歴史の観念あるいは歴史意識といったものを醸成する酵母となったものである。

このような時代の人間の意識に特徴的な「理想」と「現実」との完全なる乖離の意識は、マキアヴェッリにおいてもそうであったように、まさにその溝を埋めようとする試みを惹起せずにはおかなかった。『法の哲学』の序文における理性的なものと現実的なものとの一致の宣言は、自らの理論によって近代の企てが完了することを宣言するのに等しかった。

それは理論と実践の「歴史」による解決である。しかもその解決は「人間」を歴史の主人の座に据え、世界をことごとく人間化する、あるいは人間のものに作り変える運動の完遂としての意義を持っていた。近代が最初の歩みとともに開始されたこの運動は、たしかに人間に強大な力を与えることになったが、その反面人間の傲慢さや凶暴さを助長し、人間を控え目にさせる術を忘れさせた。この点でそれは不十分な解決でしかなかった。これら一連の運動の総称である「啓蒙」は、その意味ではたしかに「未完」であったと言わねばならない。

2　批判から弁証へ

†若きヘーゲルの着想

今しばらくそういった「歴史」による問題解決の動きに、目を留めておくことにしたいが、ここではヘーゲルの弁証法とその究極的な到達点である「絶対知」を、マキアヴェッリ以来の近代の根本問題が解決される地平と解し、そこに至る過程を「歴史」的発展の過程として叙述するヘーゲルの歴史哲学を、近代的解決策の提示と見る立場から、その弁証法的社会理論について、しばし考察を加えておきたい。

そこでまずヘーゲル弁証法的社会理論がどういった問題圏の中から生起してきたかについて、簡単に触れておくことにしたい。前節で見た「理想をわれわれの外におく」立場としてヘーゲルが理解していたものの一つが、カント哲学の立場であったことについてはすでに触れたところである。ところでこの立場は、実践的にはマキアヴェッリ以来の、また理論的にはガリレオとデカルト以来の近代合理主義とそれによって基礎づけられていた近代的理性の批判を通じた理性の自己認識によって切り開かれた哲学的立場であって、それ自体もまたこの近代の企てに一定の解決の方策を提示することを目論むものであった。それが「批判哲学」として結実したカントに独特の「哲学」的立場なのであった。

†批判を超える論理

ところで「批判」とは、元々「分かつ」ことを意味するのであって、それゆえ綜合に優先権を与えるヘーゲルからすれば、このような批判哲学による解決は本当の意味での解決とは言えなかった。それゆえヘーゲルがカントの立場を、理想をわれわれの外に置くものであるといって批判し始めたことは、カント哲学という形をとって自らの前に横たわる近代の問題との対決に乗り出し始めたということを意味する。ヘーゲルにとっては、カントの哲学それ自体が近代の分裂の表現にほかならなかったのである。

若きヘーゲルがまずこの問題を解決するための糸口を見出したのは、後にみるように、キリスト教的三位一体説に新たな解釈を試みることのうちにおいてであった。H・ノールによって『キリスト教の精神とその運命』(3)と名付けられた草稿群で追究されているテーマは、一言でいえば「愛による運命との和解」と言いうるが、この愛の「和解性」こそ、近代的理性の二律背反という困難な問題を解決するための原理の鍵となるものであった。

†和解性と媒介

ヘーゲルがキリスト教的三位一体説の中に見出したこの愛の「和解性」が、後に彼の弁証法の一つのモデルとなったことはよく知られているが、この点を考え合わせるならば、理想を外に立てればそれが客体になり、内に立てれば理想ではなくなるという先の言葉によって言い表わされていた問題は、ヘーゲルに突きつけられていた理論－実践問題を解決へと導くとともに、その弁証法的論理の成立のきっかけを与えた最重大問題であったということになるのである。

理想と現実が絶対的に分裂している中で行なわれる合一の試みは、理想を無限の客体として固定し、「疎外」を生み出す結果に終わらざるをえないというヘーゲルの主張は、第一義的には、カントの「批判哲学」に向けられた批判であったのだが、それに対置されるヘーゲルの弁証法の理論とは、理想と現実の乖離の溝を埋める「媒介」の理論とならなければならなかった。それは一言で言えば、「批判」よりも「弁証」に積極的意義を認めるものであったが、それによって理性批判は単なる批判に終わることなく弁証法的なものとなって理性に新たな意味を吹き込み、近代的な仕方で理論－実践の問題を解決へと導くものとなったのである。ヘーゲルにとっては、カントでは否定的な意味で解されていた弁証法が積極的な意義を持つものとなる。その意味では、『法哲学』序文の「理性的なもの」と「現実的なもの」とについての文言は、近代の難題解決の論理としての弁証法的論理の成立を宣言するものであったと言い得るのである。

†　カントを超える

ヘーゲルがカントの哲学の中に見た「理想をわれわれの外に置く」という立場は、カントが徳と幸福の合一の理念である最高善の実現のために「魂の不死」と「神の存在」とが「要請」されねばならないと論じた、純粋実践理性の「要請」論の立場を指す。カントが日的としての最高善に対しては人類の世代から世代にわたる歴史的努力を通じた「無限の接近」があるだけであると主張したのに対して、ヘーゲルはそこに「理想をわれわれの外に置く」カントの実践哲学の立場を見たのである。カントは、個々人がその徳を実現するために要請しなければならない実践理性の個人的な道徳的要請としての不死の要請をおし広げて、人類の歴史を通じた究極目的の実現という局面にもそれが必要とされるとしたのであるが、この意味での不死の要請は、人類全体の歴史的な不死の要請といわれるべきものであった。つまりそれは、歴史における究極目的としての「世界共和国」の理念に関わるものであったのであるが、カントはこの理念に関しても、そこへの世代から世代にわたって続けられる「連続的接近」を説きながらも、そのような理念としての「世界共和国」は経験的世界においては実現不可能であるとした。われわれの理念に対する連続的な接近は許しても、人類の如何なる努力をもってしても理念自体には決して到達することができないという、経験を超出したカントの理念の特色をここに認めることができるであろうが、これこそヘーゲルの批判が向けられねばならない点だったのである。

ところでカントの「要請」論は、その当時フィヒテを介して、ヘルダーリンをはじめとしてヘーゲルの周辺にいた若者たちに受け容れられ、カントの実践哲学はフランス革命のドイツへの波及を期待していたこれら青年たちには、来るべきドイツの革命の指導的理論でさえあると考えられるに至っていた。カントを承けてフィヒテもまた、「究極目的への無限な接近が人間としての人間の真なる使命である」(4)というようなことを述べていたが、ヘーゲルがシェリングに宛てて書き送った言葉、「カントの体系とその最高の完成から、僕はドイツにおける一つの革命を期待している」[5]には、その時代の思想的雰囲気がみごとに反映されていると見てよい。

ヘルダーリンもシラーに宛てて、「私は哲学の無限の進歩という考えを発展させようと努めております。あらゆる体系に対してなされねばならない不可欠な要請、すなわち絶対自我における主観客観の合一は……たしかに美学的には知的直観によって可能ではあるが、理論的には方形が円に接近するように無限の接近によってのみ可能であるということ、そしてまた、思惟の体系を現実的なものとなすためには、行為の体系にとってと同様不死性が必要であるということ、これらのことを示そうと努めております」[6]と書き送っている。そしてシェリングもまた、そのころ絶対者への「接近」と「不死性」を説いていた。

カントの不死の「要請」と、それに基づく、世代から世代へと受け継がれるたゆみのない努力による「最高善」や「世界共和国」といった理念への「無限の接近」という考えは、フィヒテを介して、ヘーゲル在籍当時のチュービンゲン神学校の学生たち、とりわけヘーゲル、シェリング、ヘルダーリンらとともにドイツの革命について語り合った学生たちのあいだでは、共通の思想となっていたのである。卒業後しばらくしてヘーゲルがシェリングに書き送った手紙には、「神に近づくとはどういう意味か」[7]といった言葉や「それは実践理性が現象の世界に命令するという要請、その他の要請の満足である」[8]というような言葉が見られる。そこからカントの「要請」論が、青年たちの最大の関心事であるとともに、共通の思想基盤とさえなっていたことが窺い知れる。

ここではこのような問題を詳論することは差し控えねばならないが、ヘーゲルがカント的実践理性の中に「理想をわれわれの外におく」立場を見て取ることによって、要請論によっても解決されない近代的理性の二律背反を確認し、その解決に向けての一歩を踏み出して行ったことにはことさら注目しておかなければならない。

† 歴史の弁証法と人倫

ヘーゲルは、カント的要請論の理念への無限の接近という考えに与することはなかったが、理念を実現すべく世代から世代へと受け継がれる努力の必要性を否定したわけではなかった。いやむしろカント以上にそれが必要であると主張した。「ただ、ヘーゲルは、人類の無限な努力にかかわらず、なお理念が実現できないとする立場に潜在的に秘められた人間理性への諦念を認め得なかった」[9]のである。そうであるがゆえにヘーゲルは、そこからカントの社会哲学の批判的克服へと向かわざるを得なくなる。つまり理念が客体へと転じ、それが支配的な威力として機能するような構造こそ、克服されなければならない課題となる。というのも、言うなればそのような構造それ自体が、共同性を硬化させ、関係を物的なものへと転化させる当のものだからである。

ヘーゲルは後に、カント・フィヒテ的な自然法的国家観に基づいた国家を「悟性的国家」と呼んで、それを批判した。そしてそれを克服するものとして、「人倫」的な国家および共同性の像を提示することになる。ヘーゲル的人倫の立場は「最高の共同は最高の自由」[10]であるとか、「われわれなる我と我なるわれわれ」[11]というような言葉によって言い表わされるが、やがて「人倫」と呼ばれることになるこのようなヘーゲルの立場からすれば、「悟性的国家」と呼ばれる国家は、そこにおいて国民が「原子のような多数」となってしまっていて、それらの国民を支配する法則も、自然的世界の原子論における と同様、個々人にとって疎遠なる「法（Recht）」であるような、そういった国家でしかないことになる。それゆえにヘーゲルは、そのような共同性を「有機体ではなく機械である」[12]と言い表わしたのである。

それゆえこのような「悟性的国家」を超える「人倫」の立場を提示することが、ヘーゲルの哲学的思考にとっての最大の課題となる。超えられなければならないのは「悟性」の立場である。「悟性」の立場を超えるとは、「理性」の立場に立つということである。「悟性」を超え出て「理性」の立場に立つとは、また「判断」から「推理」への、あるいは「批判」から「弁証」への移行と言い表わされうる。ヘーゲルはこの移行の原理を把握することによって、自らの『人倫』の立場を開示することができるのである。

3　和解性と弁証法的理性

† 愛の和解性

このようなカント的、フィヒテ的「悟性」の立場を超える原理を思考する中で若きヘーゲルが暫定的に辿りついたのは、すでに触れた「愛による和解」の立場であった。「ただ愛においてのみ、人は客体と一つであり、客体は支配することもなければ支配されることもない[13]」という言葉が示しているように、ヘーゲルは愛による和解の合一性の中に支配も隷属もない真の共同性を見て取る。カント的な徳の合一はどこまでもその中に支配と被支配の関係を残さざるをえなかったが、「愛」は徳のこの限界を超える。「愛は徳の補完である。……徳のあらゆる一面性、あらゆる排除、あらゆる制限は、愛によって撤廃される。……というのも愛は存在者そのものの生ける関係だからである。愛の中ではあらゆる分離、あらゆる制限された関係が消滅し、それゆえ徳の制限もまた止む[14]」。「徳はその限界によって依然として自らの外に客体的なものを立てた[15]」のに、愛は限界を持たない。徳が客体的なものを立てるのとは反対に「愛によって初めて客体的なものの威力は破壊される[16]」。

ヘーゲルはさらに次のようにも言う。「愛は特殊性に対立させられた普遍性ではない。それは概念の統一ではなく精神の合一性である。神を愛するとは、生きとし生けるものの中で限りなく無限性の内に己を感じることである。このような調和の感情の中にはもちろん普遍性は存在しない。なぜなら調和の中では、特殊性は矛盾しながら存在するのではなく、溶け合うようにして存在しているからである。そうでなければ調和など存在しないであろう[17]」。常に普遍性と特殊性の対立を残さざるをえない徳の立場は、その中に支配と被支配の構造を残さざるをえないのに対し、「愛の和解性」は普遍と特殊、有限と無限、自然と自由の対立する両項の深淵を埋め、解決をもたらすと言うのである。

しかし「愛」という感性的（pathologisch）な原理は永続的なものではない。フランクフルト期へーゲルは、愛の原理のこの不完全さを宗教によって止揚しようとする。「しかし愛それ自身はまだ不完全な本性である。幸福な愛の瞬間には客体性の入り込む余地はないが、しかし反省が行なわれるごとに愛は無に帰され再び客体件が回復され、それとともにまた制限の領域が始まる[18]」。それゆえへーゲルはこの愛の限界を補完するものとして、宗教が必要であると言う。「愛は神的な精神であるがまだ宗教であるわけではない。愛が宗教となるためには同時にある客体的な形態の中で己を現わさなければならない[19]」。こうしてへーゲルはキリスト教的三位一体論に、愛の限界を補完するものを見るのである。

†　精神は精神を認識する

イエスは神の子であるとともに人の子である。イエスが神の子であるということのうちには、神の自己否定が意味されている。神の愛はこの神の自己否定によって人の子イエスの愛として人々の間に融和をもたらす。というのも「愛の中では人間は他者のうちに自分自身を再発見（wiederfinden[20]）」するからであって、そのことによって人間は他者の内に「精神」を見出すからである。

フランクフルト期初期のへーゲルの断片には「生けるものは生けるものを感じる（fühlen[21]）」という言葉が見られる。またしばらく後の断片においては、「精神のみが精神を把握し精神を自らの内に包み込む（einschließen[22]）」とか、「精神は精神のみを認識する（erkennen[23]）」、あるいはまた「自分自身が精神でないものがどうして精神を認識できよう。精神の精神に対する関係は調和の感情であり、それらの合一である」[24]というような言葉が何度も書き記されている。愛は和解性の原理であるが、それによって主体はその頑《かたく》なな利己性を克服し、他者との共同的関係を作り出す。これこそ神的な共同性を可能にする原理である。このような「精神」の共同性が「神の国」と呼ばれる。

そして「愛の和解性」によるこのような精神と精神との関係は、イエスの十字架上の「死」によって永遠化される。このイエスの死は第二の否定である。つまり否定の否定による絶対的肯定によって愛の共同性は永遠性の境地へと踏み込むのである。このような三位一体論の解釈は、神の自己否定たる神人イエスの働き、つまりイエスの愛とその結末としての死（特殊）による神（普遍）と人間（個別）との媒介に最大の意義を見出すものである。この解釈においては、「カントによって媒語二義の誤謬推理として拒否されていた弁証が、イエスの神の子たると人の子たるの二義性においてかえってその二義性を解消し、弁証法が積極的に肯定されている」[25]のであって、ここにはヘーゲル弁証法の最初の形態が定式化されていると言わなければならない。そしてこのような考えは、それ以後のヘーゲルの哲学的論述の基本的な枠組みとなるのである。

しかしヘーゲルが指摘するように、「愛の和解性」によって達成された共同性は、キリスト教団のそれ以後の歴史が示すごとく、再び「既成性（Positivität）」に捕らわれざるをえなかった。その点からすれば、フランクフルト期ヘーゲルのこの「愛」と「生」の弁証法は、愛の補完としての宗教が既成性に捕らわれざるを得ないという教団の運命の問題を解決するものではなかった。ヘーゲルが「神の国」の中に思い描いたごとき共同性は、ごく少数の者たちのあいだにしか妥当しえないものだからである。

愛の共同性が普遍性を獲得するためには、媒介者自体がその個別性を捨象して普遍性を得なければならない。十字架上のイエスの死と復活によって可能となるこの普遍化は、媒介者の死とともに、愛の共同体を精神化するのとは逆に、それが再び物的なものへと転化することを象徴するものでしかないのである。愛は私有財産と政治という近代的世界にあっていっそう重要さを増してくる二つの原理に敗北しなければならなかったのである。

4　労働と歴史の弁証法

†「愛による和解」から「実体は主体」説へ

かくして理想の現実化についてのヘーゲルの思索は、財産と政治の問題を視野に入れた地平であらためて開始されなければならなくなった。イエーナ期の講義草稿における思索には、はっきりとその痕跡が認められるが、その時期の思索の成果はその総決算としての意義を持つと言ってよい『精神現象学』の記述に反映されることになった。そこでは原始キリスト教やギリシアのポリス的な共同体とは明らかに区別される、現代に固有の原理に基づく人間的共同の理論が提示されている。

『精神現象学』のヘーゲルは、かつて自らがキリスト教的な三位一体論に見出したのと同一の原理、つまり神の自己否定による二重化を経て精神として自己内環帰する運動と同じ原理が現実の歴史的世界を産出し、その世界の運動を支配している様をはっきりと捉え、それを歴史的生成の運動と生成した世界の運動として把握している。これまでの文脈に即して言えば、「愛の和解性」と宗教によるその補完によっては克服され得なかった「運命」の克服という問題に答えることが、そこでの課題となっていると言ってもよいであろう。その把握のためにヘーゲルがなさなければならなかったことの核心は、実体を同時に主体として把握する立場に立つというものである。「私の見解にしたがえばすべては次の点に懸かっている。すなわち真なるものを実体として把握し表現するだけではなく、それと同時に主体としても把握し表現することに懸かっているのである(26)」。実体が主体であるのは「実体が自分自身を定立する運動であり、自ら他在となりながらそれでいて自分自身との媒介であるという限りにおいてである(27)」とヘーゲルは述べている。

† 労働と創造

実体は主体であるという命題は、フランクフルト期ヘーゲルがイエスを神の自己否定として把握したのと同じ事柄を言い換えたものである。それは実体が己を否定して二重のものとなって対立しながら、この対立の中から再びそれを否定して己自身へと還帰する運動であることを意味する。しかしここで大切なことは、自己自身のうちへと還帰してくる運動である。フランクフルト期ヘーゲルの試みは、この点に不十分なものを残していた。つまり愛のイエスという個人との結びつきの問題と、それを宗教によって解決しようとすることから生じる問題が残されていたのである。ヘーゲルはこの問題を解決するために、イエスという個別者の行為を、人類の普遍的な行為へと拡大しなければならず、しかも宗教による解決の難点を超える原理を見出さなければならなかった。

すでに触れたように、ヘーゲルにおいてこのような問題がその思考の中心的な問題となったのは、理念への接近を主張しながら理念それ自体への到達を否定したカント、フィヒテ的立場を超え出ようとしたところからであった。そのような立場の中に近代の分裂を読み取ったヘーゲルは、長大な歴史の過程を通じた精神の労苦に満ちた労働こそが理念への到達を可能にすると主張するのである。「実体は主体である」とは、そのような主張を成り立たせるのに不可欠な命題であった。

† 精神の世界と絶対知

ヘーゲルは『精神現象学』の序文で、「真なるものとは――根源的な統一そのものでもなければ直接的（無媒介的（unmittelbar））統一そのものではなく――このような自分自身を再興する同等性、あるいは他在のうちにありながら自分自身のうちへと還帰することに他ならない。それは自己自身へと生成することであり、その終極を己の目的として前提するとともに初めとして持ち、それを実現しその終極に達することによって現実的であるような円環である[28]」と述べ、またそれに続いて「絶対者については、それが本質的に結果であるとか、それは終極において初めてそれが真実にあるところのものであると言われなくてはならず、そしてまさにこの点にこそ、絶対者の本性、つまり現実的なものであり主体であり自己自身への生成であるという絶対者の本性も存するのである[29]」と述べている。

そこにはヘーゲルが到達しえた思想の核心、ヘーゲルの「精神の哲学」の真髄が、もっとも集約的な形で言い表わされている。

ヘーゲルの「精神の哲学」は、一方では、個別者としてのわれわれを「絶対知」の地平に引き上げその高みに立たせることをその目的とするが、他方で、われわれと他者との関係という点では、人倫的関係の達成によって「我がわれわれでありわれわれが我」であるような関係を成就することを目的とする。このような目標に達し得るのは、歴史を貫通する労苦を伴う労働を通してでしかない。労働とは己を対象化することにほかならないが、それによって人は自己を他在の境地へと外化しながら、逆に疎遠で物的存在でしかなかったものを我がものとする。つまりこの働きによって、われわれは一切の外的世界をわれわれの意に合致するものに作り変えるのである。これによって世界は「精神的実在（das geistige Wesen）」となる。「精神」の立場は、近代が提出した問題を解決するものとしてヘーゲルによって提出された答えとしての意義を持つが、この立場に立って初めて、ヘーゲルは理性的なものと現実的なものとの統一を口にすることができたのである。つまり彼は、歴史が単に人間の破壊的行為によるのではなく製作的行為によりさえすれば、その終極において、自然すなわち実体的なものは最終的に人為の軍門に降ると考えたのである。

5　弁証法的理性の躓きと理性の腐食

†精神と資本

ヘーゲルのこのような「精神」の立場に対しては、その死後様々な批判が投げかけられたが、なかでもマルクスとキェルケゴールの批判は、ヘーゲル以後の思想の展開にとって重要な役割を演じる二つの思想潮流を形作る基盤となった。彼らの思想とともに、ヘーゲルの思弁的歴史の「弁証」は再び「批判」へと投げ返されることになる。そしてそれは近代的理性の腐食の始まりを告げるものでもあった。

マルクスはヘーゲルの「精神の哲学」によっても歴史はその終極に達しえないこと、つまり「精神」の世界は「論理の学」によって開示される世界とはなりえず、ただ「資本（Kapital）」の世界を作り出すものでしかないことを宣言せざるを得なくなった。マルクスがそのように結論づけなければならなくなったのは、ヘーゲル弁証法の重要なモメントであった「外化（Entäußerung）」が「内化（Erinnerung）」に転じないことが明らかとなったからである。そうである以上、彼は歴史の終極になって到来すべき共産主義社会の実現を政治革命に委ねざるをえなくなった。

†人倫と商品の世界

マルクスからすれば、ヘーゲル的解決は観念的・思弁的性格のものでしかない。「人倫的国家」といえども現実の市民社会の問題を根本から解決するものではない。人倫的統一は理念として実現されるにすぎず、現実には資本家と労働者との階級的対立がそこに厳として存在しているのである。ヘーゲルは労働の肯定的側面だけを見て否定的側面を見ていないとマルクスは言う。人間が己を対象化することによって対象的世界を作り変えたとしても、それによって対象的世界は自動的に「精神」に転じるのではないこと、そしてそれによって生み出されるのは対象化された労働の蓄積としての「資本」にほかならないことをマルクスは明らかにした。労働者が対象に働きかけ、そうすることによって対象的世界のうちに自己の内なるものを対象化つまり外化したとしても、それは対象的世界を強大化することでしかなく、対象化された労働による生きた労働の支配を生み出すことでしかない。それによって労働者はかえって自らを「商品」という物的な存在に貶めるのである。

マルクスはそれゆえ、人間労働をその存立のための本質的要素となしている資本制的社会はその内的な運動によるだけでは世界をあまねく自己意識的なものへと作り変えることはできないと結論しなければならなかった。そこからこのような生産機構をその内に持った社会それ自体が転覆されるべきであることを結論づけることになった。マルクスとともに哲学的思弁は革命的実践へと転じさせられることになるのである。

† 労働と物象化

マルクスのヘーゲル的人倫に対する批判はたしかにきわめて鋭い批判ではあった。ヘーゲルの労働概念に従えば、資本主義のもとにあって労働が人間の疎外をもたらし物象化を引き起こすことを、マルクスは指摘した。その限りにおいてマルクスは、合理化が物象化に転じなければならないことを指摘し、近代性の限界を見抜いた最初の人物であった。しかしマルクスもまたヘーゲルと同様、近代性の枠の中で思考した思想家であったことは否定できない。マルクスは政治的変革という強制力を介在させることによって、ヘーゲルの精神の哲学が追究したものが成就されうると考えていたからである。つまり彼には、人間は世界と自己自身とをその普遍的社会的労働を通して自ら産出する存在であるがゆえに、やがては世界の主人として自然を支配しその上に君臨しうると考えられたのである。

科学と機械制的大工業による生産の飛躍的増大がこれを可能にするであろう。マルクスによれば「自由の領域は、実際、必要と外的合目的性によって規定された労働が止むところで初めて始まる」[30]とのことであるが、そのようなことが可能となるのは、過去において対象化された労働としての機械が価値増殖の活動の中で役割の大部分を占め、生産に必要とされる労働量が最低限にまで引き下げられることによってである。マルクスによればこのような状況が作り出されることが「労働解放の条件」[31]であった。この限りでマルクスは、ヘーゲル以上に、近代性の枠の中で思考した思想家だったのである。

† 社会科学の人間理解と脱倫理的人間観

マルクスの社会理論は、まさしくベーコン以来の操作的科学と、その理念を共有していた。それは実際、社会を人間の意志の下におくような形へと作り変えることを通して、自由の実現を目指すものであった。そうすることによってそれはヘーゲルの命題「現実的なものは理性的であり、理性的なものは現実的である」が理解したのと、基本的には同一の理念を追究するものであった。現実的なものと理性的なものとが相互に置換されるとき近代のプロジェクトは完了しているはずである。マルクスは、ヘーゲルにおいてはその哲学の観念的・思弁的性格のゆえに不十分にしか実現されないと考えられたかの命題を己のものとして引き継ぎ、己のやり方でその命題を完成させようと企てたのである。それは現実の世界の革命的変革という実践を通して、つまり既存の社会的諸関係を完全に清算した上で、改めて築き上げられる「社会化された人間たち、結合した生産者たちが、彼らの共同的管理のもとで、彼らと自然との質料変換を合理的に統制する」[32]システムの創出によって成就されるはずであった。マルクスのこのような理論とともに、「哲学」もまた止揚されるはずであった。というのもヘーゲルとともにこれまでの一切の哲学的伝統は終結し、それ以後必要であると考えられたのは実践的な革命の理論と、この質料変換をいっそう合目的的に遂行するための科学だけだったからである。

しかしこの理論には、「革命によって変革されるものは宇宙（Kosmos）の秩序でもなければ天体の運行でもなく、ただ歴史の世界、それもただわれわれがそれを生み出す限りでの歴史の世界でしかない」[33]ということへの洞察が欠けていたように見える。もちろんこの点に対する洞察の欠如は、マキアヴェッリとベーコン以来の近代のあらゆる理論、すなわち哲学を否定するかあるいは哲学を科学へと読み替える近代のあらゆる理論が共有していた問題であったことは言うまでもない。

†　哲学否定と知の解体

ここで立ち入って論じることができなかったヘーゲル以後のもう一つの思想潮流であるキェルケゴールから発する実存の思想も、自然から人間の内面へと知の存立する場を転じることによって知の対象として意志と歴史の世界を浮かび上がらせることになったが、それによって知はその真理の基準をますます「人間的」なものへと引き寄せていくことになった。しかしそれは同時に、知と真理をますます相対化することを意味するものでしかなかった。そうであったがゆえに、この方向に向かった思想も、非合理的なものを再生産し、近代性の危機をいっそう推し進める以上にはなりえなかったのである。

近代の知の転換は、宗教の侍女にまで身を貶めていた哲学に対する反逆として生じてきたのであったが、この転換とともに哲学は新たに興ってきた科学と手を結ぶことになった。しかしこうして出現した新しい世界の見方によっても、哲学が復興されるには至らなかった。科学は依然として哲学否定の立場に立つものでしかなかった。こうして近代人は、科学の名でもって、最善のものを追究しようとするやり方を超越的であるとか「ユートピア」的であるとかと称して退けることになった。それに規定されて近代的学知は、哲学の科学への変質をいっそう助長する実証主義と手を携え、他方ではそれを超えようとしてもう一つの哲学否定の主張である歴史主義と結びついたが、いずれにしてもポストモダンに生きるわれわれは、これら二つの価値相対主義に足元を掬《すく》われ、合理化が物象化とならざるを得ない近代世界の逆説を超えることができずに苦悩を強いられているのである。

第四章　力への意志と相対主義

1　近代的解決の破産と歴史の終焉

マキアヴェッリとともに始まり、科学革命によって理論的な裏付けを得た近代啓蒙は、ルソーからヘーゲルを経てマルクスとニーチェへといたる展開の中で、次第にその矛盾を増幅させ、人間の目的喪失と非人間化とを昂進させていった。ヘーゲルが近代を希望に満ちた誕生の時代と捉え、自らの哲学体系とともに絶対知の地平が到来すると宣言したとき、近代啓蒙はまさしくその頂点に達したかに見えたが、しかしこの運動は、彼が『法哲学』序文で理性的なものと現実的なものとの一致を宣言したあの命題を境として、一転して没落への道を辿り始めることとなった。ここではポストモダンへと至るこの頽落のプロセスを辿っておきたい。

† 体系の解体と思想の断片化

そのような方向へ向けての運動は、まずはヘーゲル的な「体系」を解体する動きとなって現われた。「体系」の解体は、マルクスに代表される「批判」の再開か、キェルケゴールによる「二者択一」と思想の「断片」化、あるいはそうでなければニーチェ的「アフォリズム」の哲学という形をとって進行することになった。ここに言う「体系」の解体とは、「総合」あるいは弁証法的「統一」の分裂を意味する。そして二十世紀に至って、この分裂は悲惨極まりない巨大な歴史の激動の波を作り出すことになったのである。

マルクスによる近代ブルジョワ社会の批判と、ニーチェから始まる近代性批判は、ヘーゲル以後の代表的理論として、十九世紀後半から二十世紀前半にかけての世界と人間の理解のパラダイムを提供するものとなった。とりわけマルクスの近代ブルジョワ社会の批判としての「経済学批判」は、すでに見たようにヘーゲル的な主人と奴隷の弁証法に着想を得ながら、ヘーゲルの和解性の観念性を明るみに出すことを通して、現存のブルジョワ社会の打倒に続く、共産主義的共同性実現のための実践的なプログラムを提示するものであった。

ニーチェもまた、人間存在が社会的存在である限り支配と隷属の問題が歴史を通じて問われなければならない根本的問題であったことから、ヘーゲル的「主人」と「奴隷」の関係に目を向けない訳にはいかなかった。ニーチェは『善悪の彼岸』では、マルクスとエンゲルスの『共産党宣言』の冒頭部分をモディファイしたかのような響きを持つ言葉を口にしている。曰く、「人間が存在する限りあらゆる時代を通じて人間畜群もまた存在した（血族集団、共同体、部族、民族、国家、教会）。そして少数の指令者に比して常に非常に多数の服従者がいた」(1)。人間は長らくにわたって服従すべく訓練され、そうすべく飼い馴らされてきた。それゆえに人間たちは、服従することを一つの本能として身につけていると言う。

† 物象化と目的喪失の世界の到来

支配と隷属の問題の解決を労働者階級の自己解放に託したマルクスに対して、ニーチェはその解決を「超人」に託した。だが現在までのところ、これらの試みはいずれもまだ実を結んではいない。それどころかそこから帰結したことは、責任の大半は彼らにあるのではないにしても、マルクスの場合は「共産主義」的な党による「独裁」体制と、ニーチェの場合は「ナチズム」や「ファシズム」の僭主的支配体制と結びついたことであった。要するにいずれの試みも、新な支配と隷属の関係を生み出したにすぎなかった。近代の超克を目指したこれら二つの政治思想は、こうした否定的な成果を歴史に刻んで、すでにその歴史的使命を終えてしまったと言ってよい。

しかしそれとともに、近代性はいっそうその深部から発する「目的喪失」、「無知」、「無気力」といった新たな根本的諸問題に直面せざるを得なくなる。それらは「人間疎外」、「物象化」、「ニヒリズム」といった語によっても言い表わされうる。近代の企てとは、一言でいえば、世界から魔術的なものを駆逐する運動であった。そしてこの世界の脱魔術化、すなわち啓蒙は、あまねく世界を「自我」によって置き換える運動であったとも言いうる。世界を「自我」によって置き換える運動は、「自我を物となし」ながら「物を自我となす」ことを本質とする人間労働、あるいはより一般にはそのような活動によって担われるはずであったが、それによって得られたものは、われわれ自身が一つの商品となり、物的な存在となりながら同時に世界を物件（象）化する一つの機構（メカニズム）でしかなかった。脱魔術化は新たな魔術的世界の再生産でしかなかったのである。啓蒙は非合理的世界を生み出す運動、つまり自らが反啓蒙へと転じなければならない運動でしかなかったのである。

2　ポストモダンの生活世界

†　啓蒙からポスト啓蒙へ

啓蒙は人を「より利口にはするがより善良にするわけではない」(2)という言葉でもって若きヘーゲルを嘆かせた近代啓蒙は、人間の道徳的変革を主に目指すものではなかった。それが改善しようとしたのは悟性であり、また悟性を働かせる対象としての外的世界ないしは客体的世界であった。

カントは啓蒙を、他人の導きなしでは自分自身の悟性を用いることができない人間が自分自身のせいで陥っている未成年状態を抜け出ることと定義して、そこから自分自身の悟性を自分で役立てる勇気を持てということを啓蒙の標語とした。しかしヘーゲルが言ったように、もし悟性が「自己愛の下男」でしかないとすれば、悟性の啓蒙によってもたらされた西洋近代が、人類のあるべき最終的な形態でないことは言うまでもないであろう。

近代化の進展とともに顕在化してきた諸問題は、ロシア革命と一九二九年の恐慌への対応、さらには第二次大戦の困難を乗り切った後の社会主義諸国家の成立と資本主義の側での全般的危機克服の過程を経る中で、克服されるかに見えた。一見近代性の危機が克服されたことの証のようにも見える冷戦期間の平和的な時期の立役者は、資本主義の国家独占資本主義への、あるいはより一般化して言えば、後期資本主義への変質であった。

† ポスト啓蒙の時代の自由と平等

それは後期資本主義の社会主義的要素の一部を自らのうちに取り入れる方向で成し遂げられた資本主義の枠内での改革の成功、とりわけ世界恐慌と第二次世界大戦以後のアメリカ合衆国の成功によって、資本主義は自らがなお引続き現代の中心的な生産様式であるとともに、その政治的表現としての「リベラル・デモクラシー」が最善の政治体制であり得ることを証示したのであった。フランスのヘーゲル主義の政治哲学者であったアレクサンドル・コジェーヴをして、「アメリカ的生活様式」の中に自らの「普遍同質的国家」の現前を認めさせ、それをもって「ポスト歴史の時代に固有の生活様式」、「人類全体の「永遠に現在する」未来を予示するものである」(3)と言わしめたものは、修正を施されたこの後期資本主義であった。

しかし資本主義の変容といっても、原理自体が改変され基本構造が変革されたわけではなかった。後期資本主義は、市場をただ成り行きつまり自然に任せるのではなく人為的操作という手段を介在させることによって崩壊の先送りすることに成功したにすぎない。それがその枠内でのある程度の改変を成功裡に推し進めることができたのは、その生産様式の根本問題を克服することによってではなく、皮肉にも真っ向からそれに立ち向かう別の体制が出現したことによってであった。コミュニズムとファシズムの出現、続く二つの世界大戦、スターリニズムと東西冷戦などの外からの圧力によって、資本主義はしばしば窮地に陥りながらも、結果的には改良を施すことによって延命してきたのである。

今日なお世界の大多数の国々が目指している政治体制としてのリベラル・デモクラシーと資本主義的商品経済システムは、専制的な支配に陥って崩壊したナチズムやスターリニズムと対比すれば、たしかに近代啓蒙の正当な嫡子と考えることができる。それゆえ資本主義とリベラル・デモクラシーは、当面のあいだは敢えて危険を冒して別の体制に取り代えられるよりも、その批判を受け止めて改良に努めることによって存続可能であるようにも見える。しかし自然の人為的操作が永遠に成功する保証などどこにもないということは考えに入れておく必要がある。

†　ポストモダンと歴史の終焉

しかしそのような体制ないしシステムが問題を克服しているかのように見えるのは、人間的生を欲求とその充足という側面から見たかぎりでのことでしかない。もしわれわれが、二十世紀後半の現実的世界の中で生じた「歴史の終焉」という事態を、東西に分裂した両勢力のどちらか一方の側に立って見るのではなく、近代啓蒙の運動全体の視点から見れば、そこに見えてくるのは単に一方の他方に対する勝利などではなく、近代性の危機が新たな局面へと展開したということでしかないであろう。というのも冷戦終結とともに現出したグローバル化した世界は、われわれの生活世界を欲望の体系へといっそう純化しただけのものでしかないからである。そこにおいて人間性はそれまで以上に死に瀕したままなのである。

自然を人為によって押さえ込むという思想は近代性の根幹にある思想であるが、人為つまり社会政策や経済政策が破綻し再び社会と経済の自然的現象としての社会革命や経済恐慌に飲み込まれるときまでは、この修正によってもたらされた社会・経済システムは有効であるかもしれない。しかしポストモダンの時代には、人為によってこれまで秘匿されてきたものが曝《さら》け出され、矛盾が一挙に噴出させられることに思いを致す必要がある。それゆえ現代の政治体制としてのリベラル・デモクラシーと後期資本主義の経済システムを、その内にはらまれている矛盾と危険を人権と平等主義のヒューマニズムによって糊塗しながらさらなる破局を準備しつつある時代の産物と捉え、来るべき破局に対して思想的な備えをなすことが、哲学的思考者に課せられた責務であるということになろう。

3　自由・平等が野蛮を準備する

†人間解放という甘言

ポストモダンの時代の先進資本主義諸国においては、かつてマルクスとエンゲルスが「現実的解放」の用語で言い表わした「食うこと飲むこと、それに住まいや衣服を十全な質と量をもって十分に手にいれることができる状態にない限り達成され得ない人間の解放」(4)は、すでにほぼ達成されていると言ってよい(5)。また現代中国が改革開放政策という名の資本主義的経済政策を推し進めることによって経済の停滞からの脱出に成功し、高度成長を達成していることからも明らかなように、ポストモダンの生活世界は、ますます資本主義的あるいは市場経済的手法による生産力増強とそれによる人間の欲望充足と苦役からの解放のための機構へと純化されつつある。たしかにその意味では、二十一世紀的世界において飢餓、貧困、暴力死の恐怖、苦役からの人間の解放は達成される方向へと向かいつつあるかのように見える。

このような意味での人間の解放は、国家的さらには国際的な金融・財政政策によって経済的プロセスに人為の手を加え、経済の無政府性をコントロールすることによってはじめて達成されるが、しかしその場合、利己心や欲望や人口増殖といった「人間の自然」が関わりを持つ側面には手が加えられず、自然のコントロールといっても、人間の欲求、生産、流通、消費の全領域がことごとく人為的統制のもとに置かれるわけではない。要するに自然の人為的制御には自ずと限度があるのである。そもそも出発点にあるコントロールされるべき「自然」それ自体が、本来的な意味での自然ではなかったのである。というのも人間の自然状態が欠乏状態である場合は略奪が行なわれるであろうし、その逆に満足の状態であれば交換そのものの必要が生じないのだから、いずれにせよ経済的な意味での「自然」である「等価交換」は、元々人為的取り決めによるものでしかないということなのである。要するに「商品」自体が人間によって作られたものであり歴史的産物でしかないのである。

問題の本質は、リベラル・デモクラシーが人間の自然性を取り去ったところに成立するアトム的個人という擬制的な人間的自然（自由）を基にして成立し、資本制的商品経済もまた、「労働力商品」という本来自然であるはずの人間が人為的に作り出されたシステムの中でのみ存立を許される擬制的人間（平等）に変形された存在物を原基的要素として成り立っている、という点にある。「労働力商品」とは、まさに本来的には「自然」であるべき人間が「人為」的に作り出される「商品」に変換されたことによって生じたものであるがゆえに、それの蓄積でありかつそれ自体によって生命を与えられている「資本」もまた「人為」の産物なのである。要するに、資本主義的商品経済が支配的である社会それ自体が、本来自然的である人間の人為的変形物としての「労働力商品」によって成り立っている、したがってその内に自然と人為という根本的矛盾を抱えながら存立している反自然的物件なのである。

†自然の征服の挫折

それゆえポストモダンの時代には、その生活世界を意味づけている自然概念それ自体が人間的自然の反逆を受けることになる。そういった観点から見れば、二十世紀末に明らかになったスターリン主義的な社会主義の破産を承けての修正資本主義へと転じた中国の成功も、資本主義の勝利の証などではないことが早晩明らかになるであろう。それはベーコン以来の近代のプロジェクトの中心的思想であった人為的な力による自然の征服のあからさまな実践の敗北を意味するだけでしかないのであって、その運動を支えている自然を作り変えるという思想の全体は、目下のところ執行を免れているということでしかないのである。それゆえにわれわれは、遅れてやって来た近代性をそこに目撃しているだけでしかなく、依然として危機の真只中を漂流していると見なければならないのである。

近代性とは自然を人間の力のもとに服させる運動であった。しかしそれは自然に生存している動物を飼い馴らして自分の生活の糧とする営みや、自然の大地を耕しそこにわれわれの意に沿った植物を栽培して我が物とする営みのような従来からのやり方とは、質を異にするものであった。それは自然的過程を己の意のままに寸断し、その寸断された自然の諸部分を再び組み立てて我が意をそこに貫徹させるといった自然の作り変えの作業なのであった。

近代啓蒙はこの物あるいは自然の我が意を得たるものへの作り変えを、文化ないしは文明化と捉えたが、この作り変えはいつか、我が意を得たりと思っていたものがわれわれの意志ではどうしようもないものに転じてしまい、それればかりか逆にわれわれを支配する威力へと転じてしまうという逆説をそのうちにはらんだ運動であった。そのことが明らかになったとき近代啓蒙による合理化は、物象化にほかならないことが判明する。『資本論』の著者マルクスは近代市民社会の批判の結論としてこのことを明らかにしたのであった。そのような見方からすれば近代市民社会におけるわれわれの日常的な活動は、実際にはわれわれ自身を文化へともたらすものではなく、逆にわれわれを野蛮へと向かわせるものであることが見えてくる。

4　世界の都市化と都市のスラム化

†世界の都市化の限界

ここでは、文明が野蛮と隣り合わせであることの理解を容易にするために、近代的な都市のスラム化に目を向けておきたい。近代とその生産様式としての資本主義を象徴するものは、市民的文化であり、近代文明であり、またそれらを体現するものが、近代的な都市である。しかしこの世界はまさに栄光と悲惨が入り交じった独特の光景を映し出す世界でもある。

古代の都市が奴隷制の上に成り立っていたように、今日の先進資本主義国の都市は、とりわけ発展途上にある地域や国々の人々の犠牲の上に成り立っている。それゆえに都市の最大の悲惨は、もっぱらそれらの地域や国々の諸都市に集中した形で現われてくる。先進的諸国の都市は富と文化、浪費と奢嗜など、あらゆる欲望の坩堝《るつぼ》であるのに対して、それらの諸都市は貧困と無数の飢えと病気に曝された大量の民衆の上に成り立っている。この際立った対照は、先進工業諸国の繁栄がそれらの地域や国々の人々の犠牲の上に成り立っていることの証である。

それら諸都市の貧困化したスラムに見られる光景には、人間存在の崩壊と、それでもなお生き延びようとする生への意志の噴出が見られる。先進工業国の都市に見られる光景には、ニーチェ的「末人」を思わせるものがあるのに対して、発展途上にある地域や国々の都市に見られる光景には、ぎりぎりのところで自らの生命維持のためにかけずり回っている人間が映し出されている。それはどこかホッブズ的自然状態を連想させる。前者は現にいま生み出されつつある近代人の生の病的性格の末期症状をわれわれに提示するのに対し、後者は近い将来の人類の姿を予示している。

科学技術とそれに基づく生産に支えられた近代社会は、開発や進歩の観念によっても支えられている。そしてそのような開発や進歩は人間の生活の都市化によって達成される。近代化は都市化であり、都市化は文化の象徴なのである。しかしこの都市化は同時に、一方における地方の辺境化と過疎化、他方における都市のスラム化を引き起こす。近代化された工業化社会の恩恵に浴しうるのは地球上のごく一部の者でしかないのである。

先進諸国の人々の一人当たりのエネルギー消費量は、発展途上の国々の国民の一人当たりのエネルギー消費量の何十倍にも達すると言われている。また先進諸国の人々もすべてが幸福な生活を送っているわけではないので、そのような人々に加えて全世界のすべての人々を、幸福な生活と目されるようなエネルギー消費の水準にまで引き上げようとすれば、これまで以上の膨大な量のエネルギーが必要とされるであろう。地球上の人口の多数を占める人々の生活水準をこの基準で引き上げようとすれば、全世界的な規模で必要とされるエネルギー量は計り知れないものとなるだろうし、また今日すでに急速に工業化を推し進めつつある国々のエネルギー消費が地球環境汚染の問題をもたらしていることを考え合わせるならば、地球上のすべての人間が現在の先進工業国の国民並のエネルギーを消費するようになることは、到底不可能である。この一事からだけでも、テクノロジーを基礎にして想い描かれる理想的社会の像には限りがあることが明らかとなる。

† 都市のスラム化

近代資本主義の生産システムは、その恩恵に与り得る一部の民族、一部の階級の生活を限りなく高所にまで引き上げるが、その一方で幾多の人間を限りなく非人間の方へと引き寄せても行く機構である。それは国民のいくらかは幸福に暮らせるようにはするが、またそれとともにそれ以上の人々に不幸をもたらす。現に近代的な大都市の多くは何十万人もの浮浪者を抱えているし、南米やアフリカ、アジアの発展途上国（この言葉自体西欧化、工業化に価値を見出す思考法の産物である）の諸都市は、政治的経済的混乱の中で苦悶している。

かつてインドのカルカッタを訪れ、そこでの人々の生活をつぶさに体験したドイツの作家ギュンター・グラスは、西欧的思考法の所産としてある現代工業技術社会が、その表面的な成功の裏で着実に破局へ向けて進行しつつあり、その破局的事態が世界のスラム化であることを指摘しながら、この迫

りくる現代社会のスラム化を「カルカッタが私たちを襲うだろう」という言葉で言い表わした。そしてさらに彼は、

時々刻々膨らむ世界人口の圧力は減るどころか、むしろ増大しているし、コントロールできない大都市の成長と、それに比例して田舎の貧困化が進む結果、スラムの数と密度は増えるであろうから、そしてこの成長と成長率は貧困を第三世界にとどめておくことができず、それどころか境界線を越えて今やすでにその前兆が見られるのだから、工業国が……この成長と貧困化に関与することは避けられないだろう(6)

と述べることによって、われわれにこの迫りくる破局を告知し、次のように述べたことがあった。

今すでに予兆が現われているが、今さら腕ずくで防ごうとしても抵抗できない民族移動が、世界とその旧来の構造を変えるだろう。ヨーロッパ中心の、あるいは国家単位の構想などでは、このような襲来に対して、ただ愚かさを証明するだけかもしれない。だが工業国がどんな反応を示そうとも、その多くの富める高慢に対してひとつのことだけは今から言っておかねばならぬ。カルカッタはドアの前に立っていて、避けることはできない(7)。

カルカッタが突如われわれを襲ってくるのか、それとも次第にわれわれに迫りくるのかはともかく、少なく見積っても、われわれがこの波に飲み込まれないという保証はない。漸次的なカルカッタ化は、文化の退廃、人々の無気力化、犯罪、環境破壊、公害、麻薬、エイズなどの現象を通してわれわれに襲ってくるであろう。そしてまた、それが突如われわれを襲うとすれば、経済恐慌や戦争の勃発という形をとるであろう。

5　恐慌あるいは危機の弁証法

† 危機の本質

すでに触れたように、啓蒙や近代化という名で呼ばれる運動は、あらゆるものを商品化あるいは物件化していく運動と特徴づけられうるということであった。近代化や啓蒙が同時に世界を物象（件）化することにならざるをえないのは、そのことに起因している。それゆえにまた近代という時代には、危機を招来せざるを得ない要因がその内にはらまれてもいるのである。ここでは「危機（Krise）」が、経済学的には「恐慌（Krise）」を意味する語でもあることに着目して、近代性の危機について考察を加えておくことにしたい。

経済学者宇野弘蔵は、経済学の原理論を、資本主義の運動を好況、恐慌、不況の循環過程を通して周期的にその矛盾を爆発させながら同時にその矛盾を解決しつつ展開する運動として明らかにするものと定義づけた。その上でこの周期性を説明するために、彼はマルクスの『資本論』が明らかにした三大法則（価値法則、人口法則、利潤率均等化の法則）のうちの人口法則を基に、独自の「恐慌論」を展開している。そしてその独自の論において、「経済学の原理論のいわば結論をなす[8]」恐慌論は、恐慌現象が資本と労働の関係をそれによって新しく作り替えていく資本主義の発展的展開の必然的な契機にほかならないことを明らかにする。その上で恐慌は、理論的に想定される限りでの純粋な資本主義にあっては、周期的に繰り返され資本の有機的構成の高度化を生み出していく必然的契機として機能していると述べているのである。

資本制的商品経済が行なわれている社会において恐慌が生じて来ざるを得ないのは、その社会が、「資本自らは生産することのできない労働力を商品化することによって成立している[9]」ことからである。資本の方は、それ自体無限に人為的に作り出しうるものであるのに対して、労働力の方はそうはいかない。この点に、恐慌が資本制的商品経済にとっての必然的契機である根拠が存する。

労働力は、他の生産物のように価格が騰貴したからといって資本によってその生産の増加が行われるとか、あるいは価格が下落したからといってその生産の減少が行われるとかいうような資本家的機構によって調整されることにはならない[10]。

資本主義はあらゆるものを商品化する、つまり物象（件）化する運動であり、本来商品ではない、つまり他の商品のように資本によっては生産され得ない性格のものである労働力までをも商品化する。

† 資本と自然の抗争

ところが労働力商品は資本によっては生産されえない。それは自然の制約を受ける。資本が労働力商品の自然的制約性を克服しようとすれば、生産力の増進あるいは資本の構成の高度化によって労働人口を相対的に増加させることによる他はないのであるが、この相対的過剰人口の創出によっても労働力商品の自然的制約性は根本的に解決されるものとはならない。資本制的生産は、労働力商品が資本にとって有利に利用され、ちょうど血液が人間の体のすみずみまでゆきわたって、各々の器官を活性化させているように、資本の生産物が資本として機能しうるように活力を吹き込むことによって成り立っているのであるから、労働力商品の自然的制約性はこの体制のアキレス腱でもあるのである。まさにこのゆえに、資本制的生産様式においては、「物も人も有り余る程ありながらそれが資本の形態を通して結合され得ない」[11]というようなことが生じるのである。

それゆえ宇野は次のように結論づける。

労働力の商品化は、資本主義社会の根本的な基礎をなすのであるが、しかしまた元来商品として生産されたものでもないものが商品化しているのであって、その根本的弱点をなしている。恐慌現象が資本主義社会の根本的矛盾の発現として、そしてまた同時にその現実的解決をなすという

ことは、この労働力の商品化にその根拠を有しているのである。(12)

ここからわれわれは、近代化すなわち啓蒙が物象化であるとともに、近代性がそのうちに危機を内含した企てであることの、本当の理由が理解できる。近代の運動はあまねく世界を物象（件）化することであったが、資本制的商品経済は人間の労働力までをも商品とすることによってこの物件化を完遂しようとする。しかし本来商品でないものを商品化するところに、この制度の根本的矛盾がある。この矛盾は純粋な資本主義というような抽象的レヴェルの理論において初めて確認されるものであって、今日われわれが目にしている社会においては完全にわれわれの視界から遮られている。しかも共産主義や社会主義に対してその優位性を誇示しつつある現代資本主義においても、労働力さえもが商品化されるという資本主義の根本的構造はなんら克服されてはいないのである。先にみたような現代の都市がスラム化せざるを得ないことの根底には、労働力商品にはらまれているこのような問題が横たわっているのである。

6　生の目的回復の可能性について

†ポストモダンは最後の人間たらの世界なのか

近代化すなわち合理化が物象化に転じ、啓蒙が蒙昧主義に至らざるをえないことを、これまで指摘してきた。そしてこのポストモダン的世界を蒙昧化しそれを危機に陥れる元凶に、近代のプロジェクトをその根底から規定している労働力の商品化の問題があることを確認してきた。

ところで労働力の商品化は、資本制的商品経済の社会への浸透とともに推し進められてきたが、そのような経済の浸透は近代のプロジェクトの根本的原則の実現ということでしかなかった。近代のプロジェクトとは目的あるいは目標を低く設定することによってその実現の可能性を高めるという運動であったが、ここに至ってそのことからの必然的帰結として、崇高な価値であるべき「人間」とその能力としての労働力が「物」である商品の姿に自らを貶め、人間と物とを等価的なものとなすに至ったのである。商品でありながら資本によって生産される他の諸商品とは異なり人間の自然的性格を完全に消し去ることのできない労働力商品、この資本制的商品経済の担い手であるとともにその運動の中で日々生産されるこの物象的人間こそ、近代性というプロジェクトの特性を象徴するものである。

かつて人々が「自然」と「人為」という二分法によって問題を立て思考していたとき、自然は何にもまして崇高であると考えられていた。[13]しかし自然を自らの支配下に置き「我が物」となそうとする歴史の長い旅路の果てに、われわれが自然を「物（Ding）」あるいは「物件（Sache）」と捉えるようになったとき、人間自身が「物」的な存在に姿を変え、目的も大儀もなくただ食物とエネルギー消費にだけ精を出す存在になってしまっているのである。それこそニーチェが述べた「最後の人間たち」にほかならない。人間が物的存在となり、ただ快楽を追い求める自動機械のような存在に陥っていることと以上にはっきりと、このポストモダン時代が危機的な時代であることを直接的に示すものはない。

レオ・シュトラウスが指摘したように現代の危機の震源は、「それが自らの目的に確信が持てなくなったという点にある[14]」と言わなければならない。そしてこの危機に対処するために、われわれが哲学の復権あるいは再生を口にせざるを得ない根拠も、この点にこそある。

†　最後の人間たちと僭主支配

われわれはこれまでの歴史の中で、宗教と科学が大衆を捕らえるという事実を目撃してきた。宗教は人々に与える「希望」によって、科学は資本制的生産とリベラル・デモクラシーによる物質的な「利得」「財貨」「商品」によって、大衆を捕らえることに成功した。しかし宗教も科学も、ともにその内に「僭主政治」の契機を内含している。近代において合理化が非合理的なものに転じざるを得なかったことの根本にあったものはこれである。

この章を締めくくるに当たって、予測される将来の破局に対して哲学がどのように答えるべきかという問題に一言触れておこう。この問いに対する哲学からの答えは、宗教と科学の「迎合（コラケイア）[15]」と「僭主的支配」という二つの要素に立ち向かう論理を提供するのは哲学的思考以外にはないということであろう。いま必要とされているのは、この立場に立って真理の探究に向かうことであろう。このような探究だけが、見失われた「目的」すなわちわれわれの目指すべきところを再度照らし出し、まどろみのなかで身動きすらできなくなった巨人を覚醒させることになるであろうからである。

第五章　テクノロジーと僭主政治

1　現代の僭主政治

†現代の僭主支配とテクノロジー

二十世紀はしばしば科学技術の世紀と呼ばれてきたが、その一方ではまた、革命と戦争の世紀であるとも言われてきた。ロシア革命、二度の世界大戦、アウシュヴィッツと広島、植民地独立の闘争と内乱、冷戦と東西両陣営の代理戦争、そしてテロリズム。二十世紀が革命と戦争、つまり暴力と殺戮の世紀であったことを裏付ける証拠は山のようにある。

そこで力をむき出しにして良心と平和に襲い掛かってくるものの正体を見極めようとするとき、最初に浮かび上がってくるのは、想像を絶する独裁的支配者たちの姿である。続いてその支配者たちに同調し、彼らを熱狂的に支持する大衆の姿が浮かんでくる。彼らの熱狂が独裁者たちの僭主的支配をけしかける。さらにはテクノロジーへと変質した知識の所有者たちとその解説者たち、つまりメディアとそれに関わる専門家たちとが、熱狂する大衆に加担していっそう煽り立てる。最後にテクノロジーによって幾層倍にも倍加された強大な国家の力が、人々に恐怖を与えるものの正体として浮かび上がってくる。

テクノロジーによって生み出された武器と兵器ばかりか、テクノロジーそれ自体が、人間たちを凶暴に仕立て上げ、その集合体である社会全体を、強大な力を備えた僭主的・専制的支配の体制へと変質させる。こうしてポストモダンの時代には、テクノロジーが僭主的支配の支配者本人としてその姿を現わしてくる。かくしてポストモダン人には、科学技術が未曾有の成功を収めた二十世紀が、何ゆえ無慈悲で残虐な独裁者と群衆を出現させ、苛酷な政治支配と戦争と殺戮の世紀とならなければならなかったのかを問い直すことが、重大な課題として浮かび上がってくる。そこで、この問いに答えることが、ポストモダンの人間論の最大の責務となる。

しかし二十世紀の暴力をそれまでとは比較にならないくらいに凶暴化させることになった元凶に「知」とテクノロジーがあったと言うには、いくらか注意が必要であるかもしれない。というのも「知」が「力」に転じることをものの見事に証示したのはテクノロジーであったが、その力が有効な力であるか手に負えない力であるかはテクノロジーの与り知るところではなかったし、それに知は元来政治的には中立的なものだと考えられて来たからである。

† テクノロジーと「力」

しかしポストモダンに足を踏み入れた地平から戦争と暴力の世紀を振り返ろうとするとき、このようなテクノロジーと科学の中立性はいったん度外視して、それが人間の活動力をそれ以前と比較にならないほどに増大させた思考方法の特異さに目を向けなければならない。科学とテクノロジーによってもたらされたこのような思考法の転換の問題を、いっそう根源的なところから哲学的な目をもって見れば、人間の合理的思考に内在している破壊性に気付かされることになる。この思考の破壊性はすでに抽象や分析の能力の中に見られるのであるが、それこそがポストモダンの破壊性の元凶なのである。

二十世紀に猛威を揮った僭主支配は、科学とテクノロジーの「力」を抜きには考えられない。それらは欲望とその充足のために必要とされる「力」を無限に増大させるとともに、その力をもって人間的共同の仕方にまで作用し、ついにはその領域をまるごとその支配下に入れることになった。そうなったとき科学とテクノロジーによって増幅された力は、もはや自然的で価値中立的であることを止めた。「力」それ自体が変質したのである。

そうなったとき科学とテクノロジーは、ただそのような「力」を制御するものとしてだけその意義を認められるべきであったにもかかわらず、そのようにはならず、そのような「力」を開発するための手段として存続し続けた。そのときもはや力を増大させる「力」は善とは見なされなくなり、かえって必要「悪」となっていたにもかかわらず。二十世紀は力の意味が変質して僭主的な性格のものになってしまうことをわれわれに教えた。それゆえポストモダンに立ち会うとき、われわれは近代性とりわけ科学の知にそれを僭主支配に結びつける因子のようなものが潜んでいることを問わなければならなくなる。かくしてテクノロジーと僭主的な力の関わりの問題を問うことは、人間論の中心的テーマに躍り出ることになる。

† 二十世紀社会理論の盲点

二十世紀前半の僭主的支配の突如の出現は、リベラル・デモクラシーの政治的スローガンであった「自由と平等」が行き詰まりを見せていたことが基になっていた。それはフランス革命を導いた抽象的な理性原理を歴史概念の導入によって修正しようとする試みの破産からの帰結でもあった。自由主義的民主主義は民族や地域を超越した普遍的原理によるものであったがゆえに、それらの制約を突き破って世界規模の政治形態として現実化されることになったとき、二千数百年前にプラトンとアリストテレスによって指摘されていた最悪の政治形態としての僭主制への頽落が、あるいは苛酷な支配への変質が、突如として経験されることになったのである。

近代性の舞台を設《しつら》えた科学の合理主義と自由と平等の思想も、近代の合理性にはらまれていたこの陥穽を予見しえなかった。それゆえに現代版「僭主支配」の出現は、近代の社会理論にとっては青天の霹靂《へきれき》であった。マルクス主義の弁証法的社会理論、フロイト的精神分析学の社会理論、ウェーバー流の社会科学など、現代の社会理論や社会哲学を自認していた諸学派は、自らよって立っていた科学と歴史の概念装置を頼りとしてこの問題に立ち向かおうとしたが、現代の僭主政治の危機に対処しうる理論をわれわれはいまだ手にしてはいないのである。対決すべき障壁があまりに高く険しいとき、一般的傾向として、障壁の一部だけに挑戦を限定するといった光景はしばしば目にされるところであるが、現代の僭主支配についての議論においても、これと同じことが目撃される。

社会理論家たちは総じて、当面の敵を「反動」に限定し、その「反動」を探り当てることに奔走した。「反動」とは「進歩」の対極にあって歴史を逆に巻き戻す運動を意味するが、社会理論は総じて「反動」を見極め、それを指弾する方向に向かった。このことは、社会理論が価値すなわち善悪の問題を「進歩」と「反動」の問題にすり替えることによって問題解決を試みようとしたことを示唆している。このとき民主主義にせよ社会主義にせよそれらの理論家たちは、その敵が「反動」以上に自ら自身のうちにもあること、つまり「進歩」と「近代的なもの」の内にもあることを見落とすことになった。こうして二十世紀の社会理論は、自らが「反動」と規定したファシズムやナチズムには対決を試みたが、「進歩」的であると見なされた「科学」や「テクノロジー」に付着している僭主的要素を不問にした。要するにそれらの「本質」を見誤ったまま「僭主的なもの」に立ち向かうことになったのである。

†リベラル・デモクラシーの中に潜む僭主支配

「僭主支配」は、社会や共同体といった全体的なものの存在の様態に関する概念であり、そのような社会的・共同的結びつきの特殊なあり方、しかもその悪しき結びつきに関する概念であるにも関わらず、この問題を考えるとき、それが人間の自然に関わる問題であるというもっとも肝心なことが見落とされることになった。それによって「僭主支配」は、なにも人間の特異な性格が元になって生じてくるのでないことまでもが、見落とされる。つまりそれは、ちょうど「癌」が特異な生理現象でありながら普通のあるいは優良の生命体の中で変異することによって生じるのと同じように、通常のあるいはもっとも優れた政体であるリベラル・デモクラシーの中から生じてくるということが見損なわれることになる。しかし僭主政治の本当の恐ろしさは、普通の人間的生、通常的生の中に恐怖政治の根があるということにこそあるのである。

二十世紀の「僭主支配」についての議論は、ナチズムやファシズム、共産主義やスターリン主義批判の議論として展開されることになったが、それらは概ね悪しき政治形態の出現の要因を、その出現を準備する思想や制度の未発達という点に求めることになった。つまり啓蒙と近代化の遅れにその原因が求められたのである。それ以降次第に、リベラル・デモクラシーの後に登場してくる僭主政治を「未完の近代」のゆえに生じてくる脅威と捉える傾向が強くなった。つまり僭主政治の基底に、近代性の不徹底を見る考えが主流となった。しかしそのような理解は、単純で理解しやすいがゆえに、躓きの石ともなる。このような立場からの議論では、人間的自由や正義の敵対物、つまり人間性に反する要因を突き止める作業が中心となるが、その結果そのような支配体制を生み出す要因として、非人間的要素つまり無知、悪意、貧困、暴力、強制などに目が向けられはしても、反面そういった支配を作り出す要因から知、善意、豊富、力、自由といった近代性によって追究された人間的要素の方は抜け落とされてしまう。要するに啓蒙のパラドクスに切り込む視点が欠落させられることになる。愛国者、正義の人、善良な市民、そして何よりも理性的人間と「科学」はつねに「善きもの」のままなのである。

2 近代性と僭主政治

†僭主政治は自然的か

人類の長い歴史を省みるとき、盛衰していった数ある国々のなかに、今日「善き」政治形態と考えられている「民主制」国家なるものがほとんど名をとどめていないことに、愕然とせざるをえない。逆に「僭主」や「専制君主」たちに支配された国家の方は数え切れないくらいである。その事実を皮肉って、「僭主政治」こそ人間の生にとって自然的で不可避の支配形態であるのではないかとさえ言いたくなる。

初期の時代が不法や暴力や強制に満ちた時代であったことを政治哲学の言説は次のように表現した。すなわち「すべての合法的なものが究極的には革命的基礎づけを根拠としているのとちょうど同じように、道徳は非道徳に基づき、正義は不正義に基づく」[1]と。この命題が真理であるとすれば、およそ人類の初期の段階のあらゆる共同体は、悪しき国制としての「僭主制（tyrannis）」であったとの推論さえ成り立つことになる。

古くから、道徳、法、正義は人が定めるものなのか、あるいは逆にそれらは自然に根拠を有するものなのかを巡って、しばしば論争が繰り広げられてきた。自然を根拠とする場合でも、その自然的力とは武力なのかあるいは集団の団結力なのか、はたまた暴力なのか人間の理性によるものなのかを巡って論争が繰り返されてきた。道徳、法、正義の根拠を自然に求め、「自然的力」あるいは暴力的支配者の「命ずるところ」が正であると言うとき、ほとんどの場合そういった主張は、「僭主制」を是認する主張となる。逆に正なるものは多数者の協約や合意によると言うとき、そのような法や道徳や正義は「自然的」根拠を持たなくなってしまう。初期の哲学者たちを悩ませた、正義や法は自然によるのかそれとも人為によるのかという問題は、人間的共同の問題を論じる際に必然的に湧き上がってくる問題なのである。

† マキアヴェッリと僭主政治論

近代が始まろうとしていた時期に、この問題に新たな仕方で決着をつけようとした人物が現われた。イタリアの政治思想家マキアヴェッリである。彼が提出した答えは、力によって自らの運命を切り開く預言者、つまり武装せる預言者、したがって自然を征服する力量を備えた預言者による新たな国家建設がそれを解決するというものであった。

マキアヴェッリの政治論には二つの代表的な著作があるが、それらの政治論のとりわけ「僭主制」論をめぐる議論には、明らかに差異が存する。『ディスコルシ』で論じられる「僭主」や「僭主政治」の概念は『君主論』には見られない。レオ・シュトラウスが指摘したように、『君主論』では明らかに伝統的になされてきた「王」と「僭主」の区別が無視されているのである。[2] マキアヴェッリは『君主論』の「君主（principe）」によって、伝統的「君主（monarch）」とも「王（king）」とも異なる新たな「君主」、過去の「僭主」をも凌駕する「力」と「運」を具えた新しい「君主」を描こうとしたのである。

『ディスコルシ』における「僭主」と「僭主政治」への言及は、それがティトゥス・リヴィウスの『ローマ史』に基づく論考であることを想い起こせば、そこで古代の政治概念である「僭主政治」が取り上げられるのは当然と考えられるが、『君主論』におけるそれと対照的な「僭主」の取り扱いによって、『君主論』におけるマキアヴェッリ理論の特性がいっそう際立てられる。『君主論』からの「僭主」の排除は、「僭主」を超えた語の本来の意味での「新しい」指導者かつ指揮官としての「君主」を際立たせることになるのである。

『君主論』で論じられるのは新たな「武装せる預言者」[3]である。「武力なき預言者」[4]サヴォナローラはマキアヴェッリと同時代人であった。一方マキアヴェッリが「武装せる預言者」として名を挙げているのは、モーセ、キュロス、テセウス、ロムルスである。これらの人物たちは記憶さえおぼろげな遠い過去の時代のなかば神話化された人物たちである。彼らは実在したと言えるかもしれないが、また実在しなかったとも言いうる。ところで『君主論』が論じるのは、想像の世界の人物ではなく具体的な真実なのである。

『ディスコルシ』でも幾人かの僭主が論じられている。とりわけその第一巻では、「貴族」および「人民」と「僭主」の関係を考察するために、古代ローマの僭主アッピウスについてページが割かれている。それとは対照的に『君主論』でも「新たに生まれた君主国」ミラノのフランチェスコ・スフォルツォやヴァレンティーノのチェーザレ・ボルジアが「僭主」的人物として引き合いに出される。しかし、マキアヴェッリは、そこでは、傭兵隊長から権力を掌握した古いタイプに属する「僭主」然たる前者について多くは語らず、冷酷ではあるが「思慮（prudenzia）」と「ヴィルトゥ（virtù）」を具えた新たな人物として後者のチェーザレを強調して論じている。[5] 明らかにマキアヴェッリは、チェーザレ・ボルジアを非「僭主」的人物として描くことによって、「貴族」からも「人民」からも距離を置き、まさに自らが置かれた運命と対峙しそれを切り開こうとする、新しい時代の「君主」像をわれわれに与えているのである。

それによってマキアヴェッリは、ルネッサンス期イタリアの理論家でありながら、二十世紀以後までをも射程に入れた、新たな現実主義的政治理論の創始者ともなりえたのである。彼は不幸にも悪徳と手を結ぶことさえ辞さぬ冷酷非道の政治理論（マキアヴェリズム）の提唱者としてのみ理解されたこともあったが、彼が述べたことの真意はむしろ、「徳」や「人間の完全性」や「人間の自然的目的」

から人間の方向を見定めるのではなく、実際に人間が置かれている地平から人間の方向を見定める新たな見方を提出しようとしたことの方にあるのである。彼の「君主」は、「善悪の彼岸」に位置する「第一位の人（prince）」だったのである。

ただマキアヴェッリが立脚していたのは、まだアリストテレス的地平と完全に断たれた地平ではなかった。それゆえに彼の理論では、なお「ヴィルトゥ（virtù）」や「悪徳（vizio）」や「名誉（onore）」や「栄光（gloria）」といった倫理的価値概念に役割が与えられているのが目に付く。しかしまた彼が新しい「道徳の大陸」に立とうとしていた限りにおいて、それらは「強力（forza, forzare）」や「力（potenzia）」の方向へ歩を踏み出してもいる。これが意味していることは、マキアヴェッリは政治の領域において非目的論的な、したがって「倫理」から解き放たれた視点を手に入れた最初の人物ではあったが、まだ「目的論的自然科学」批判のための論拠を手にしてはいなかったということである。その論拠は後に十七世紀に起こった新しい自然科学によって与えられることになるが、この近代政治学の興隆と近代自然科学の興隆との百余年の時間的ズレによって、テクノロジーと「悪」との繋がりは覆い隠されてしまい、近代性の基礎を考え抜いた理論家たちの意識からは消え落ちてしまった。

† ホッブズからモンテスキューへ

『君主論』が描いた新しい君主の衝撃を受けて、その非道徳主義に反対したジャン・ボダンや反君主制論者（monarchomachi）たちの理論のなかに、反マキアヴェッリ的「専制」議論を見ることができるが、政治と「悪」との結びつきを断ち切る仕方で新たな政治論を展開したのはホッブズであった。ホッブズはちょうどマキアヴェッリが「君主」を「僭主」から切り離したのと同様の仕方で、つまり「力」をまったく新しい概念として理解することによって、マキアヴェッリではなお「悪」と結びついていた「力」から「悪」を引き剥がすことに成功する。彼の自然権理論は「悪」を「力」から引き剥がした成果なのである。ホッブズの「自然権」は、マキアヴェッリの「道徳の大陸」の上に「正義（right）」を根付かせようとする試みであったが、それが成功を収めたのは、「正義」を「善悪無記」の人間の自然的情念の上に基礎づけることによってであった。

ホッブズはまた、マキアヴェッリとは異なり、科学革命の渦中にいた人物である。マキアヴェッリからホッブズに至る期間に生じたこの転換に「機械学」的自然科学が大きく関与したことは間違いない。その場合「力」の概念が鍵となった。マキアヴェッリではまだ「栄光（Gloria）」と結ばれていた「力」は、ホッブズでは「暴力死」に含意されている純然たる物理的「力」へと読み替えられていく。暴力死に結びつく破壊的暴力としてあった「力」が、その「必然性」によって政治権力としての「力」となるとき、「力」は単に破壊的で闘争と戦争にのみ関わる「暴力」とは区別されるものとなる。さらには「自己保存」の欲望と権利が「所有欲」「獲得への欲望」とその「権利」となることによって、「権利＝正」は回復される。ホッブズにおいて「専制」の概念が復活させられるのは、このことと関わりあっている。というのも、「専制」には、最悪の政治形態と解されてきた「僭主制」に較べて、まだどこか悪との結びつきを押し隠すものがあるからである。

ところで、物理的「力」は元来「冷厳で客観的な必然性によって要求されるもの、あるいはそのような必然性の表現[6]」なのであるが、そうであるとすればホッブズによる「正（right）」の回復には、「道徳的には中立的である[7]」「力」が関わりをもち始めていることが確認できる。そうすることによって、「正」は近代力学の「力」を範型とする「力」の地平に移され、新しい政治的権力の概念が登場してくることになるのである。

このような流れの中で、モンテスキューは二つの「専制」的「権力」の概念を提出することになる。ひとつは、君主権を強大化させ司法のような中間的な機構が崩壊させられて君主制とその管理者たちに全権力が集中されて現われ出てくる権力支配である。それは貴族階層が平民化され窮乏化させられることに対する彼の恐れを反映したものと言い換えてもよいであろう。もうひとつの「力」は、表立ててかつ中心的に分析が加えられることはないがそれでその全著作に散りばめられた「力」の概念であり、「フランスおよびヨーロッパ全体の風紀が新しい商業階級の利己心、贅沢、放恣《ほうし》によって頽落していくことに対するモンテスキューの恐れを反映した[8]」ものであったと言うことができるだろう。要するにモンテスキューは、擡頭《たいとう》しつつあった君主制論者の支配、すなわち絶対主義的支配へと向かう傾向と、新たに起こりつつあった商人あるいはブルジョワの精神的に堕落した支配への傾向という二重の恐れから、二つの「専制」的支配の概念を提出したのである。

その意味からすれば、モンテスキューの「専制」論は、近代性とともに現われ出てきた絶対専制君主の支配とブルジョワジーの支配を恐れる貴族政治論者の反時代的議論であったとも言いうる。それゆえモンテスキューが述べた、「もしただ一人の人物、もしくは有力者であれ、貴族であれ、または人民であれ、それらの一団体だけがこれら三権、すなわち法を作る権、公の議決を執行する権、ならびに犯罪もしくは個人間の訴訟を裁判する権を行使するとすれば、すべては失われるであろう[9]」という言葉には、その三権分立論とともに、それが僭主政治への頽落を防ぐものであるという、その論の真意が同時に語られてもいるのである。

いずれにせよモンテスキューの「専制」論は、近代の到来とともに出現した僭主的支配の近代的形態をその概念によって把握したものであったが、そうであったがゆえにその概念は、それ以後の近代の僭主専制的政治を理解するには、なお限界を有していた。と言うのも、マキアヴェッリが天才的な目をもって見抜いたように、近代的「僭主政治」は、興隆してくる近代科学とテクノロジーによって武装し、それらによって強化された生産力を基礎とするものであったのに対し、モンテスキューの「専制」論は、それを絶対王政と堕落せるブルジョワ的精神に対する反対論としての性格を持つものでしかなく、近代的「僭主政治」の本質を捉えるものとはなりえなかったからである。

モンテスキューの「専制」論が捉え損ねたそのような近代的「僭主政治」の象徴は、後にナポレオンという新しい「僭主」として登場してくることになる。哲学者ヘーゲルがイェーナで目撃した馬上のナポレオンは、もはや地域的な君主や専制的支配者の枠にとどまる者ではなかった。彼はフランス一国の枠を優に越えた「一般意志（volonté générale）」の「頭」として登場してきたのである。彼はやがて出現してくる近代的「帝国」の長として、あるいは近代の世界精神の上に君臨する絶対的支配者として登場してきたのである。

3　僭主支配の現代的形態

†民主主義の中の僭主政治

民主制の中に専制政治の芽が胚胎している、あるいは民主制が僭主政治を育む母体となりうるという考えは、なにも新しい考えというわけではない。それは、プラトンやアリストテレスが論じた体制の変遷論の中にすでに見られたところでもある。また近いところでは、とりわけワイマールの自由主義的民主主義の体制からナチズムが生まれ出て来たという二十世紀の出来事によって、われわれ自身が経験したところでもある。しかしここでは、そのような体制の一般的変遷論としてではなく、ポストモダンの時代に固有のテーマとして浮かび上がってくる問題、つまり近代科学技術としてのテクノロジーにはらまれている僭主的支配の契機と民主主義の問題として、その問題を論じなければならないのである。

この問題を考えるに当たって、奴隷制が実在していた古代世界以上に近代世界が僭主的支配の危険度が高いことを指摘したシュトラウスの以下の言説に目を留めておこう。

アリストテレスは奴隷制の不正について考え及ばなかったというのは明らかに間違いである。彼は事実それを考えていたからである。しかしながらアリストテレスは世界国家については考え及ばなかった、と言うことはできよう。しかしなぜだろう。世界国家はアリストテレスが夢想だにしなかったテクノロジーを前提とする。テクノロジーの発展の方は、それはそれで科学が「自然の征服」に奉仕するものと見なされること、そしてテクノロジーがいかなる道徳的政治的監督からも解放されることを必要としていた。アリストテレスが世界国家に思い及ばなかったのは、科学が本質的に理論的なものであり、テクノロジーの道徳的政治的規制からの解放は悲惨な結果に至るであろうことを、彼が絶対的に確信していたからである。テクノロジーの無制限で無規制の進歩に伴う科学と技術の融合は、普遍的で永続的な僭主支配を差し迫った可能性と化してしまうというわけである(10)。

現代社会の到来とともにわれわれが蒙った変化のうちで一番重大な変化はと言えば、「知(scientia)」が「技術」と結びついて人間に絶大な「力(potentia)」を与えることになったことである。これによって知は手段になった。つまり「知は力のためのもの(scientia propter potentiam)」となったのである。この変化がテクノロジーを生み出すことになった。しかしその「力」が中立的なものである保証などどこにもない。「力に次ぐ力への欲望(desire for power after power)」として発現する「力」は、たしかに中立的で物理的とは言わないまでも、必然性をもって作用する力であるが、それは「目標」の「引き下げ(degradation)」つまり「知」の手段化によって出現された中立性でしかないのである。それゆえこの中立性には、人間的魅力が欠けている。この人間的魅力と引き換えに得られた「中」は、それにもかかわらずそれとは別の「価値」と結びついてゆく。「われわれがいま直面させられているのは、「自然の破壊」およびとりわけ人間の自然の破壊のゆえに、これまでのどんな僭主政治もかつてならなかったものに、すなわち永遠で普遍的なものになるという脅威を包み隠す僭主政治である(11)」。

† テクノロジーと僭主政治

現代科学技術の上に成り立つ現代社会のあり方を、マルティン・ハイデガーは「総駆り立て体制(Gestell)(12)」の語で呼んだが、それはわれわれ人間をもその中に組み入れたひとつのメカニズムとして、人間の意志するところを超えて運動する自動機械のごときものを意味する。科学の合理性と自由主義的民主主義によって成り立っているかに見えるこの体制は、その外見とは裏腹に、自然と人間の両者を搾取することによってその生命を維持し、さらに自己増殖して地球全体を食い尽くすひとつの生命体のごときものである。人間はその燃料であるとともにエンジンであり、あるいはまた見方を変えればその心臓であるとともに血液でもある。リヴァイアサンの血統を引き、科学の普遍性と同質性の遺伝子とともに無限の欲望と力への意志を注入されたこの新たな怪物こそ、われわれの時代の僭主的支配の体制にほかならない。

それはかつてマルクスが「資本」の名で呼んだものがさらなる進化を遂げたものであると言っても

よい。ただし今われわれが目撃しつつあるこの怪物は、ゼウスの電光ならぬ核の力とヘルメス的伝達力ならぬ情報通信の瞬時性によって、その威力の強大さと敏捷さの両面で、いっそう強化されている。

この新たな僭主的支配を支えているものは、近代自然科学と近代政治学の領域で引き起こされた「力」の概念の新たな理解であるが、そのような理解が成立するには、政治学と自然学の二つの領域での視点転換が必要とされた。アレクサンドル・コイレによれば、そのような転換には、二つの決定的な点での視点の転換が必要であった。コイレが指摘している二点とは、①コスモスの崩壊と②空間の幾何学化である(13)。

コスモスが解体されることによって前科学的具体的空間に代わってユークリッド的抽象的空間が置き換えられ、それによって慣性法則が発見されることになる。また、それによって、「ピュシス」あるいは「秩序」の観念と「自然的場所」の観念が破壊された。こうして理解されるようになった抽象的なユークリッドの幾何学的空間が解析的手法によって捉えられるとき、すべてを「量」へと還元することによって世界を理解する思考法が成り立つ。それによって、人間知の対象から倫理的「価値」が除外される。近代の科学革命に際して登場した空虚にして無限なる幾何学的空間という観念は、善悪を超えたそれらの彼岸の世界という観念を生み出したのである。

しかし、「価値」の問題が完全に人間的生の領域から除外されることはありえない。それは、様々な形に姿を変えて存続し続ける。近代にもっとも一般的な仕方での「価値」の回復は、本来価値中立的である合理性、したがってその上に成り立つ科学それ自体に価値を見出すことによってか、「善」

を「豊かさ」や「富（wealth, goods）」すなわち「経済的価値」に置き換えることによって行なわれた。いずれにしても、結局は近代性とそれに付属する様々な要素に価値が付与されることになる。かくして近代性、科学、テクノロジー、進歩、新しいものなどが「目的」に取って代わるのである。

†啓蒙のイデオロギー

こうして近代合理性は、価値判断に関して中立的であることによって合理性を確保するものでありながら、実際にはそこに別の新しい価値を導き入れることによって成り立っている。この新しい価値はイデオロギーとして機能する。ただ科学は中立的でなければならないがゆえに「科学は善なり」とは言わない。その代わりに科学はこっそりと自らが善であることを主張し始める。デカルトの「明晰判明」はそのような主張の一種であったと言ってよい。というのもそれは、直接科学が善であることを明言することなしに、暗黙のうちにそれを主張するからである。

彼の「仮の道徳」にも、そのような役割があてがわれていたと言うべきであろう。というのも仮の道徳は、「自国の法律習慣の遵守」「首尾一貫性」「自己克己」をその内実とするが、それらは古典的な「徳」とは異なり、政治的世界とは区別される近代的「哲学」あるいは「科学」者たちの専門の世界で生きるための生活信条のようなものでしかない。それは人を有徳にするものではもとよりなく、「力」の中立化とそれの「政治」や「道徳」からの分離によって初めて語られうる「善き生」という「価値」の近代版でしかないのである。

4　ポストモダンと僭主政治

† 普遍同質的国家と僭主政治

マキアヴェッリから始まった近代社会理論は、その展開の中で、「善」を「富」へと読み替えていくことになった。それは近代的合理化の過程の中で生じた大きな出来事のひとつである。経済主義はいっそう洗練された、あるいはいっそう高次の地平へと移されたマキアヴェリズムである。モンテスキューの危惧をよそにロックからスミスへと展開されていった「財」や「富」に「善き生」の問題の解決を委ねる考えは、人間の行なう合理的活動としての「労働」に世界の未来を託する考えへと洗練され、終には労働に美徳を見る、ヘーゲルやマルクスの世界理解を結実させた。これら「歴史の哲学」は、人間の合目的的かつ合理的活動としての労働に人間史の根本的問題の解決を委ねたのである。

彼らの弟子であることを自認していたコジェーヴは、歴史が目指すべき目的の国を「普遍同質的国家（l' État universel et homogène）」と名づけた。「普遍的」と「同質的」は、いずれもコイレが科学革命の中に見届けていた原理である。それにまたそこから導かれる「進歩」や「開放性（openness）」は、本来の道徳的価値に固有の概念ではない。近代性はしかし、このような概念を前面に出すことによってそれに倫理的価値の代役を演じさせる。われわれが科学とテクノロジーの本質を見抜けなくさせられているのは、このすり替えによるのではないだろうか。いずれにせよ近代性終焉の時代にあってわれわれは、テクノロジーの僭主支配の中に甘んじて生きていることに早急に気づかなければならないのである。

そのような状態を「ニヒリズム」と呼ぼうが「世界の夜」と呼ぼうが、われわれの時代、すなわち近代が到達した現在の地平は、「完全に都市化され完全にテクノロジー化された西洋」[14]が全地球に対して勝利した時代、まさに「歴史の終わり」の時代である。この世界の支配者がテクノロジーであることは疑いえない。それを動かすものがたとえ一者でなく多数者であるとしても、その原理がひとつの科学的真理という意志、あるいは平均化され画一化された意志によって支配され、動かされていることに変わりはない。

†ポストモダンの僭主政治を超えるために

人類が手に入れた科学の名で呼ばれる知によって獲得された「力」は、二十世紀に人類を危機に陥れた物理的「力」と、僭主的「暴力」機構を生み出した。すなわち物理的力による暴力と、他方における暴力的政治的権力による支配体制の成立は同一の原理から生み出される二つの現象と考えることもできるのである。この二つの暴力的な「力」が共鳴し合うとき、戦争という人類にとって最大の不幸がもたらされる。したがってこのような不幸への滑落を食い止めるために、われわれは平和に向かう人間の倫理的心術を育む必要がある。そうして得られる善き倫理的性情あるいは人間性による生の回復を担うものが、政治哲学にほかならないない。それはまた新たな自然権を主張する哲学でもある。

そこから、テクノロジーを手にした支配者たちの「僭主政治」を終わらせるために、近代的なそれを超える「自然権」の復権が必要となる。「自然権」とは人間が共同して生きていくための、あるいは「共に生きる（living together）」ための原理であるが、それを再生させるために、われわれは政治的なものを非政治的なものに還元し、全体を見通す視点を破壊してしまった近代的な思考の枠組みの根底からの脱構築する必要に迫られる。[15]

そのような自然権あるいはそのための理論である政治哲学を復権させるために、われわれは「節度」あるいは「節制（sōphrosynē）」の徳を回復させる「常識」的な知の地平、あるいは「知性的な異種混合性（noetic heterogeneity）」の地平へと回帰する必要がある。近代科学の知を特徴づける「同質性の知」こそ、現代の僭主的専制支配を出現させる苗床にほかならなかった。それゆえわれわれの時代の自然権理論の復権には、そのような知の対極に位置する「異種混合の知」の呈示が不可欠とされる。この「全体的なものの知」とも言いうる「異種混合の知」、あるいはサイエンスを超えるいっそう高次の知としての「コンスキエンティア（conscientia）」の知を回復させる以外に、現代世界に突如出現してくる僭主支配、あるいは知らず知らずのうちにわれわれに忍び寄ってくる「世界の夜」とも称される「普遍同質的国家」の脅威に立ち向かう術はないのである。[16][17]

第六章　自然の法と倫理の理法

1　グローバル世界の到来

†地球が小さくなった？

「グローバル化」という用語が「国際化」という語に代わるようにして頻繁に使われ始めたのは、二十世紀も終わりに近づいた頃からであったが、それはちょうど冷戦の終結と時期を同じくしていた。今ではこの語は世界で進行中の事柄を理解する際にも、情勢や出来事を批評する際にも、きわめて都合のよい用語として、アカデミーの世界やジャーナリズムの世界はもとより日常生活の中でも、広範に用いられるようになっている。

その語がこれほど人口に膾炙《かいしゃ》する語となったのは、何にもまして地球上に生きる人間たちの往来や情報の遣り取りが非常に簡便になり、地球が本当に球状の天体であることが実感されるようになったことに起因している。人工衛星からの画像からも数時間で地球の裏側に移動できることからも、すぐ手の届きそうなところに世界の国々や諸都市があることからも、まさに地球が小さな球体であるということが実感される。ところが世界がグローバル化することによって、都市や地方の差や地域間格差もなくなるように見えるが、しかしそのことがまた普遍化と均質化という意味をも持つのだとすれば、それは世界の「全体化」にも寄与することにもなるのである。

グローバル化はテクノロジーによる人間の力の強大化と、政治的世界における権力の一極集中化によって実現されようとしている。力の強大化に伴う知の大衆化と情報化は、その進展のための潤滑油の役割を果たす。しかも進行しつつあるグローバル化は、目に見えるところばかりで進行するとは限らない。表面化することなく地中でひそかに自己増殖していく地下茎の蔓延にも譬えられうるような面をも併せ持っている。このような形で陰に陽に推し進められる人間の強大化と権力の一元化は、グローバル化に適しない諸要素をことごとく消尽せずにはおかない。それはそれに適さない要素を切り捨ててゆく運動でもある。

† 人間が神に取って代わる

知と力の取り替えが可能であることを確認するところから始まった近代のプロジェクトは、そこから思考と存在、意志と行為、言葉と物といった対立概念の相互置換性を実証することになったが、この取り替えは造物主を神から人間に転換するところにまで突き進むことになった。近代のプロジェクトには、まだそれが歴史に問題解決を委ねなければならなかった点で、なお時間による制約が残されていたが、その時間の制約を電子のレヴェルにまで縮約することに成功したポストモダンは、人間がかつての造物主としての神の位置にまで上り詰めさせることに成功する。かつては神の言葉によって存在の境位へと歩み出た世界が、ここでは意志する人間によって存在を与えられる。グローバル世界とはまさにこのような人間の意志によって存在へともたらされた世界なのである。この世界が実在と仮想の境界をさ迷っている世界であることは確かであるが、そこでは神の言葉ならぬ人間が発する無言の言葉がこの世界を支配することになるのである。

この世界を支配する無言の言葉は神が死んだ後その神に代わる存在者の言葉であるのかも知れない。それが実在するものの言葉であるか実在する「かのように見えるもの」の言葉であるのかはともかく、「力」として機能することは認められなければならない。およそ「力」の名でもって語られるものはすべて存在と関わりを持つのであるから、ポストモダンのグローバル世界にあっても、存在者の一方による他方の併合か排斥、あるいは一方による他方の支配か、存在者相互の緊張をはらんだ敵対的関係より他には関係を作り出さない。グローバル化とはこのような「力」の支配が世界の隅々にまで及んでいく運動に名づけられた名称にほかならない。そうであるとすれば、その「力」がもたらすものは、かつて人々を次から次へとガス室に送り込んでいった呪うべき権力と、瞬時にして都市を焼き尽くした物理的な力と、なんら変わるところがない。そこで生じていることは人間の人間性喪失であり、それが向けられる自然もまた物理的自然へと回帰していく。魂を喪失した人間と物理的な力としての自然が、そこでの主人公なのだ。そこには和解性も予定調和も存在しない。

†人間は神か自動機械か

普遍同質的国家において人間が自動機械となることは、数世代前の慧眼な論者たちによってすでに前世紀の半ばには予見されていた。彼らがもっとも恐れたことは、「力」によって思考と哲学が消滅させられるということであった。普遍同質的国家を特徴づける僭主的支配と自然・必然性支配の世界の到来は、スピノザ的「神即自然」の実現であるとも言えようが、それはスピノザの世界とは裏腹に、思考の退行と哲学的思惟の消滅の結果であり、ついには人間性それ自体の崩壊を招来するものでもある。それはニーチェ的「末人」の世界にほかならない。

これまでの議論で明らかになったことは、「倫理」という視点が、われわれに「共生」概念を指示するということである。その概念が現代の「力」にどこまで太刀打ちできるかは、まだ疑問の余地を残しているが、とはいえこれまでの議論から、少なくともその概念が必然的に導き出されてくることは了解されるであろう。この結論は「和解性」の論理をもってカント的二律背反を超えようとした若きヘーゲルの試みの中に、その先例を認めることができる、と言えばこの試みにもいくらかはお墨付きのようなものが与えられるかもしれない。だがここで確認しておかなければならないのは、その

「和解性」さえ目下のポストモダン的苦境を準備するより以上のことをなしえなかったということである。

それゆえここでのわれわれの課題は、「和解性」の次なる概念として浮上してくる「共生」の概念が、何ゆえまたいかにして荒涼たるポストモダンのグローバル世界の地平を超えゆく方向性を提示することができるかについて考えてみることである。ヘーゲルは「和解性」によって達成される「精神」的合一を、後にニーチェが「アポロ的なもの」に対置して提示した「ディオニュソス的なもの」(1)を予示する「バッカスの陶酔」(2)なる語でもって示したことがあったが、「共生」をポストモダンのキー概念と位置づけようとするとき、この「ディオニュソス的なもの」という語によって意味されるものの理解が不可欠となる。

2　グローバル化とはどういう現象か

† 国際化からグローバル化へ

しかしここではさしあたって、この間の世界の動向に目を向けることによって、グローバル化とはどのような現象であるのかについてもう少し詳しく見ておきたい。

前章で見たように、世界各国のこのところの「政治」問題に目を向けるとき、一国の国内政治を考えるだけで済むような問題など、ほとんどなくなってしまったことを実感させられる。「政治」とは元来、「都市（polis）に関しての諸々の事柄（politics）」といった意味の語であったのに、今ではそれは、「都市」のみならず「国（nation）」の枠を超えることなしには論じられないものとなってしまっている。そうなったのは政治だけではない。同じようなことは科学や技術や経済の問題に関しても言いうるし、情報や芸術、そして時にはファッションや伝染病に関してでさえ、そのように言うことができるようである。

第二次世界大戦終結後、数十年のあいだ、人々はそのような現象を「国際化」という語で言い表わしてきた。しかし前世紀の終わりごろから人々は、それを別の言葉で呼び始めた。「グローバル化」はそんな中で定着してきた用語である。こうしてわれわれは二十一世紀に足を踏み入れた今、われわれが生きている世界を「グローバル化」した世界であると誰もが考えているし、またそのような表現が、様々なメディアやアカデミーなどの言説を通して流布されてもいる。いまや二十一世紀的世界の、少なくともある程度文化的生活が行なわれつつある国の住人であるなら、誰一人としてわれわれがグローバル世界の住人であることに異を唱える者はいないであろう。

ところで「国際化」を「グローバル化」と言い換えることによって、何か違ったことが言い表わされるようになるのだろうか。「グローバル化」が今日的な意味で話題になり始めたとき、それにきっかけを与えたとも言いうる二つの出来事に触れるところから始めよう。最初に挙げられるのは、東西冷戦の終結である。もう一つは地球環境問題の深刻化である。グローバル化は特にこの二つの出来事とともに話題になりだしたと言いうるが、この事実はグローバル化とは何かを考える際に重要な示唆を与えてくれる。

† 冷戦終結と環境問題

グローバル化の進行に冷戦終結と地球環境問題が重要な意味を持つことは明らかである。世界を二分していた東西対立の終結はイデオロギー対立の解消を意味するが、一九九二年にリオデジャネイロで開催された地球環境サミットを契機としてグローバル化が人口に膾炙《かいしゃ》し始めたという事実は、「人間」から「自然」への視点転換による新たな世界理解が要請されていることを示している。しかもその際言われる「自然」には、これまで科学者たちが行なってきた自然研究において理解されているものとは違った「自然」が、同時に含意されている。

そこから以下のような推論が成り立つ。「グローバル化」は、敵と味方の区別の消滅とそれに伴う思考枠組みの変化によって生じてきた、あるいは脱イデオロギー化、「政治的なもの」の消滅、逆に言えば「非政治的なもの」が主役として登場してきたとき引き起こされた。すると「グローバル化」とは、「地球環境」といった「自然」や「物」、あるいは「商品」つまり経済的な財や物件の主役化、もっと踏み込んで言えば人間の「快楽」に関わる諸モメントの主役化であると言いうることになる。それはまた人間の生がよりいっそう「善」によってではなく「快楽」によって判定されるようになったということ、あるいは「善」を「快楽」と同一視して人間的生を判定するようになったということを意味する。しかしこのことはまだグローバル化のための必要条件でしかない。

人間は共同することによって人間的存在となり、自然から自らを区別するとともに自然に対峙する存在となったのであるが、そのときそこに「政治」という問題領域が出現してきた。これまでの人類の歴史は、以後人間と自然との間の交流と抗争、それに加えて共同体間の交流と抗争の記録として語られてきた。ところが「グローバル化」とともに、われわれは人間を政治的人間として見るのではなく享楽的人間として見るようになっているということである。世界がグローバル化するということは、もちろん、これまでの共同の枠、すなわち「ネイション（nation）」や「国家」という人為の枠が崩れて、それとは別の枠組みが現われてきているということでもあるが、それとともに、「宗教」、「民族の大儀」、「正義」、「イデオロギー」といった「政治」や「倫理」に関わりを持つ要素が、人間の行為的世界の考慮の対象から外されていくということを意味する。それはつまり、「価値」が「非政治的」なものや「物質的」なものに置き換えられているということである。一言で言えば、それは脱政治化と脱倫理化にほかならないが、そのような仕方での善の知解可能性の否定、すなわち脱価値化が最終局面に達するとき、存在論は意味論に置き換えられ、存在は「それ自身を表示する記号表現」に取って代わられることになる。それは哲学に対する解釈学の勝利と言い換えうるであろうが、それが完了するとき世界のグローバル化のための十分条件が整うことになる。

こう考えてみると「グローバル化」とともに、古典古代の人たちのあいだで論じられた「人為」から「自然」へというテーマが、再度浮かび上がってきているようにも思えてくる。これまでの自然と倫理、あるいは自然的なものと人間的なものを対置する考え方からすれば、政治的なものや倫理的なものの否定は、自然的なものの勝利を意味した。ところが今日のグローバル化の中では、自然それ自体もまたその地位を低下させているという逆説が生じている。いったいこれはどういうことだろうか。

†政治と倫理が視界から消えるとき

倫理と政治の地位低下と自然の地位低下の同時的進行は何を意味するのか。今日のグローバル化による政治的苦境の問題を考えるためには、このことの意味を読み解くことが不可欠である。以下この問題についていくらか考えて行くことにしたい。

人間の問題を考えるのに環境や経済の問題が中心に据えられるべきであるという考えは今に始まったことではない。しかしグローバル化という用語の一般化が、環境や経済というテーマの浮上と共にであったということは、この問題を考える際の着眼点を示唆している。それは人間の問題を考えるのに「人為」を超えたところで問題を立てなければならないということを言っているのである。たしかに環境問題はわれわれが自然の中の住人であること、自然と良好な関係を取り結ぶべきことが重要であることを再認識させることになった。そしてその上で、人間の経済的活動が国境を越えたものであることを教えている。実際に二十世紀最後の出来事であった東西の壁の消失は、障壁がなくなることによってよい商品が瞬く間に世界に行き渡ることを明らかにし、自然法則と同様同じノモスに起源を持つ価値法則も人為的な法を超えていることをわれわれに教えた。

グローバル化を支持する議論には、自然は人為によって制限されるべきではないという主張が含まれている。国境線が自然に即して定められている例はしばしば見られるが、人為的な国境線によって人的交流が分断されても、それによって自然が分断されることはない。ベルリンの壁の崩壊は、市場経済の原理が障壁をつき崩したことを示すもっとも良い例である。そのとき「自由」の象徴であったものは、食料品、電気製品、自動車などの商品であった。それらを手にする「自由」、豊かさへの「自由」、市場と豊富の経済という「自由」を求める人々の声が力となってそれを引き起こしたのである。そこから得られた教訓は、国境や関税障壁などではなく自由な市場経済こそが社会の発展と人々の幸福実現のために不可欠だということであった。そしてその際の自由はもっぱら、人間の「快楽」に関わる「自由」であった。この自由の理解に、「自然」の微妙な立場が映し出されている。

グローバル化は最後に普遍的で同質的な世界を作り出すことによってその目的を達成するが、世界がそういった世界となりうるのは、人間的善が人間の思想や趣味や特性といったものによってではなく、それらを捨象したところに残ってくる快楽という数量化可能なものに還元されて理解されることによってである。善をそのように見る見方は、「自然」を科学の目で見るとかすべてのものを商品化することなどによって準備されてきた。そしてそうすることが普遍化であるとか同質化であると考えられてきたのである。こうして見れば、普遍化や同質化は、人間を含むすべてのものを「物」や「事」へと還元し最終的にはそれらを記号表現化すること（signifying）によって可能となるのである。

しかし人間的な事柄のすべてがこのような還元に馴染むものではない。還元できないところが必ずある。するとグローバル化は、そういった還元できない部分を切り捨てる。政治や倫理が関わる領域は、そういった普遍化と同質化にふさわしくない領域なのである。グローバル化とともに政治と倫理の地位低下が生じるのはこのためである。しかもそれは、人間的な事柄全体の地位低下を意味しているのである。

ところで今日のグローバル化の中で、環境世界や感性的世界が重要視される傾向にあるように見えながら、人間ばかりか自然もまたいっそう人間に支配されるもの、文明によって犠牲にされるものとなっている。グローバル化によって人間から自然への視点転換が行なわれるように見えながら、その実自然の地位は少しも回復されてはいない。依然として自然は「事」あるいは「物件」であり、「商品」でしかない。ポストモダン的世界を特徴づけるグローバル化も、近代性を特徴づけていた世界を資本へと作り変える、あるいは自然を回復不可能なまでに「人為」化する運動であることに変わりはないのである。

それゆえここでは、人為的に改変された自然や経済的な自然の法則に従った商品の運動が語られても、本来の「自然」はもとより自然的な「法」や「権利」さえ語られることはない。そこでは物理的な「力」や暴力としての「力」、欲望として噴出する意志の「力」が主役を演じるだけなのである。それゆえそれはむき出しの「力」の世界、純然たる力学的力と欲望する意志の力が同時に作用している世界なのである。9・11のテロはそのような世界の到来を告げるものであった。政治と倫理の原理が消滅して「力」が本来の働きをなす世界にわれわれは足を踏み入れているのである。それは新たな意味での自然状態の再来である。そこでは「正義」は純然たる「力」に変じてしまう。

こうして世界は地球規模の単一体となったにもかかわらず、人々が啓蒙の後に夢見た「すべての人々がみな兄弟となる」世界は、逆に単なる横への繋がりを持たない記号化された個体たちの平板な広がり以上のものではなくなっている。そこでは「平等」は自然状態の平等として実現されはするが、それは人間的平等ではない。そこでは「自由」は自然的自由として実現されはするが、それは力による束縛と変わりはない。こうして「自然」に帰ることは「野蛮」に帰ることと同義となる。実現された自然的平等は自然の全体主義的支配の再開である。それはある意味での自然状態化でもある。したがってそこでは、全体主義的支配と底なしの弱肉強食的競争が復活する。それはつねに勝者と敗者とを生み出す優勝劣敗の世界である。そこでの自然の真実とは地球環境のいっそうの劣悪化であり、経済の真実とは人間の記号化と自動機械化にほかならない。

それは増幅された人間たちの欲望とその充足のサイクルに大量の快楽がシャワーのごとく注がれている世界ではあるが、それによって人間たちが善くなることも満足することもない。彼らはそれによって幸福を感ずることはない。なぜならそこには人間的な卓越性や誇り、それどころか人間的であることすら居場所がないからである。それは哲学することばかりか、思考することさえもが排除される世界なのである。

3　グローバル世界と「帝国」

†「帝国」と普遍同質的国家

古代ギリシアの世界にあって、哲学がアリストテレスからアレクサンドロス大王に引き渡されたとき、帝国と世界市民の「哲学」が出現した。それとともにポリスを基盤とした思考は限りなく拡散した帝国の法的思考に取って代わられたが、そうすることによって、それは「自然」との関わりを強めた。この点で古代の帝国は、グローバル時代の「帝国」とは異なる。どちらが優っているかはともかく、その時代の国家や社会のあり方を考えた哲学者たちが「自然に即した生」について思考を巡らせたことは注目されなければならない。それはポストモダン時代の「帝国」に生きるわれわれに、思考のヒントを与えてくれるはずである。

近代初期の思想家たちにも「人間の自然」についての真剣な思考があった。にもかかわらず、その自然理解に従った近代人は、その後ますます「自然」から遠く隔たった生を送ることを余儀なくされている。古代帝国の時代の哲学者たちの「自然」は近代的な理解による「自然」とは異なるものであったことは否定できないが、ポストモダンを生きる人間は、この古代帝国の時代の思想家たちの「人間の自然」への問いをもう一度問い直してみる必要があるのではないか。それによってわれわれの時代の自然理解を問い直すことができるかもしれない。ここでは自然と人為という古代の争点の再考を提案したい。

グローバル化された世界の人間の生き方について考えようとするのに、過去の時代の帝国に見られた「自然」の概念に注目することが必要であるのは、われわれの目に入ってくる光景が、かつてアレクサンドロスの出現とともに見えてきた光景と、どこか似通っていることにもよる。たしかにストアの哲人やエピクロス派の唯物論に「超人」の哲学や機械論的世界像を対置するとき、二千数百年の時間の隔たりはかき消されてしまうようにも見える。古代の帝国に普遍同質的国家としての帝国を対置しても同じことが言えるであろう。そこに共通する「自然」の概念に注目しながら、両者を比較対照してみるとき、現代の問題を考えるのに不可欠な論点が見えてはこないだろうか。

注目したいのは「自然」の概念の対照性である。古典古代の哲学が捉えた自然と近代の哲学ないしは科学が捉えた自然は、ストア的自然法によって捉えられた自然とポストモダン的普遍同質的国家の自然との対照性の中に再現されている。それゆえ古典的「自然」概念を理解しないうちは、ポストモダンの「帝国」の自然もまた理解することはできない。

現代の「帝国」は明らかに「自然」の対極にある。現代の「帝国」の出現に近代性の危機を見て取った二十世紀の理論家たちは、事柄の本質を直観的に見抜いてはいたが、その後継者である社会哲学者たちは、その本質を理解していたとは言いえない。その理由は、社会哲学者たちが近代の哲学が捉えた自然概念を超えられなかったからである。彼らは無自覚のうちに「科学」のフィルターを通して社会現象を見ることに慣れてしまい、科学がそうであったように、社会の「自然」を見損なってしまったのである。帝国にせよ普遍同質的国家にせよ、人間の社会的結びつきが、何らかの媒体に依存するとき、その結びつきは「化石化」し始める。化石化という言葉が示唆しているように、生きた自然でない何ものかがその結びつきに入り込んでくるのである。近代科学の目で社会を見ることに慣れてしまった社会哲学者たちは、この化石化したものと「自然」を取り違えるのである。

ここでは社会認識の学的方法の問題に立ち入ることは控えねばならないが、今日の社会哲学者たちが現代世界を「帝国」という語で捉えようとするとき、その世界がすでに「近代」のカテゴリーでは把握されえない何ものかと考えていることは確かである。そこには「モダン」を超える何ものかを捉えようとする姿勢を読み取ることができるのである。彼らはそれによって、実体的な国家やそれに類するものの連合組織体ではなく、国家をも含む様々な力の網（ウェッブ）、つまりネットワークを考えているのである。

それらはたしかに「モダン」ではない何かである。ところが彼らは、それを「モダン」のカテゴリーによって考えようとしている。それに対してここでは、ポストモダンの諸現象の理解にはモダン以前の諸概念の方が有用なのではないかと、主張するのである。それゆえここでは、プレモダンの諸概念、とりわけ「帝国」と「自然法」の概念が有用な何ものかを提供してくれる、という前提に立って考察を進めることになる。

†「帝国」と自然法

われわれが倫理的パラダイムを論じるのは、近代性の本質を捉えそこねた現代の社会科学や社会哲学に対して、政治哲学の有効性を確認するためであるが、その倫理的パラダイムの原型は、古典哲学の主張した「自然法」の中にその典型を認めることができる。

倫理的パラダイムとは、人間の行為とそれが行なわれる地平、そしてその行為の結果を含む人間の活動の総体を捉える知の枠組みであると言ってよい。それは主観によって把握された客観としての知ではなく、行為する主観を同時に認識主観としてそのうちに含むところに成り立つ実践知である。人間の行為は、善・悪、正・不正の判断によって導かれるが、これは常に正・邪、善・悪の判断を基準にして成り立つ。その判断の基準は、自然によって与えられると考えられる。倫理ないし道徳の価値の基準を自然に求める考えは古典古代の思想に広く見られる考えだが、古典的自然権理論と呼ばれるこの思想は、人為よりも自然が根源的であるとする考えの上に成り立つ。それがもっとも典型的な仕方で機能したのは、ポリス崩壊後の帝国の時代においてであった。

その際主張された「自然法」は、倫理的パラダイムの原型となるものを含んでいる。倫理的パラダイムの家郷は「自然に従って生きること」を推奨した古典的自然法の理論にこそあるのである。それは倫理の理法を自然から導き出す、あるいは自然によって基礎づけることを試みたのである。

古典的哲学の生成の中で問われた「自然とは何か」という問いは、ソフィストやフィロソフォスたちの論争を通して哲学的テーマとして浮かび上がってきた。その論争において問題とされたものはポリスの「体制（Politeia）」や「法」であったが、「法」が人間の取り決め（人為）に基づくのか自然に基づくのかをめぐって激しい論争があった。その論争において、法が自然的であるか人為的であるかについて、たしかに意見は分かれたが、いずれの陣営も自然が人為よりも崇高であるとする点では一致していた。そこから法が自然的基礎を持つべきこと、主権者の布告による法は自然の法には及ばないとする考えが出てくる。

自然法の思想はこうして古くからの因習や陋習《ろうしゅう》を自然的なものに置き換える革命思想と結びつき、ポリスとその法を宇宙の理法を基準にして改変する理論となったが、自然とは何かをめぐって新たな論争を引き起こすことになる。そしてそこから導かれた結論は、それが人間の生き方に関する哲学的問題であるということであった。

その結論は、人間がどう生きるべきかを指示する人間の共同の在り方や法の基本的枠組み、すなわち「ポリテイア」についての古典的理論として、プラトンの『国家』篇や『法律』篇の中に示されることになったが、それが古典的であると言われるのは、古いという意味からではなく、典型的であるという意味から、あるいは歴史を超えて妥当するといった意味からであった。というのもそれは、時と所を超えて普遍的に妥当するという意味で、まさに人間的自然に即した生のあり方を提示するものであったからである。

哲学的であるとは元来自然的ということを意味する。その意味で、哲学はすでにポリスを超えたものであったが、現実の歴史の中でポリスが解体され、世界国家が登場してきたとき、哲学の考えはまさに時代を先取りしたものとして再提示されることになる。それが一般に理解されているコスモポリスの思想としての「自然法」の思想である。それは哲学的な法理論であったことによってポリス解体後の世界国家の理論となりうることができたし、またそれはポリスという伝統に基づく生活基盤を持たなくなったローマ帝国の国家思想となりローマ法に具体化されることにもなったのである。

ローマ皇帝であるとともにストアの哲学者でもあったマルクス・アウレリウスの以下の言葉を読めば、この思想がポストモダンの時代に再考されてしかるべき思想であることがすぐに理解される。

もし、理性的部分がわれわれのあいだに普遍的なものであるなら、われわれが理性的な存在である根源のロゴスも、普遍的なものである。このことが事実なら、あることをなすべきか否かを指示するロゴスもまた、普遍的である。もしそうであるなら、法もまた、普遍的なものである。すればわれわれは市民というわけである。市民ならある公共体に参与する。その場合には、宇宙こそはまさにポリスという組織体の類である。それ以外のいかなる公共体に全人類が参与するとでも、ひとはいうのか。かしこ——あの普遍的なポリス——から、われわれの理性的な理法にかかわり、法にかかわる部分は由来している(5)。

ローマ時代最大の文人であったキケロもまた、法について論じた書物の中で「私は法の根源を自然にもとめたい。われわれの議論はすべて自然を手引きとして展開されるべきものなのだ(6)」と述べ、また法なるものはただ一つしかなく、これによって人間社会が結び合わされているのだが、その根底には唯一無二の掟というものがある。この掟は、命令と禁止という形における正しい理性であり、どこかに書きとめられていようといまいと、これを知らないものは正しい人間とは言えない(7)。

と述べて、自然法の論者であることを表明している。

ギリシアの古典哲学は、それがポリスにおいて育まれたものでありながら、同時にそれが普遍的原理を追究するものであったがゆえに、世界国家ないしは宇宙的国家の原理ともなりえたのである。そのような哲学的思想としての自然法の思想は、さらに世界宗教にまで広がりを持つに至ったキリスト教思想とも重なり合うことになる。中世スコラ哲学の大家トマス・アクィナスも、「人間によって制定された法はすべて、それが自然法から導出されているかぎりにおいて法の本質に与るといえる(8)」と表明することによって、世俗を超えたキリスト教の神的共同も自然法の伝統に連なるものであることを述べているのである。

† 自然法から倫理の理法へ

近代世界がその輪郭を浮き上がらせるようになったとき自然法の概念が再び重要な役割を演じることになった。その際に決定的役割を演じたホッブズの自然権理論は、そこから近代国家の理論とそれによって基礎を与えられることになる人間の諸権利が演繹される理論であった。それが自然法を蘇らせるものであった限りにおいて、明らかにそれは伝統的自然法理論を独特の仕方で解釈したものであった。しかしこのホッブズ的近代的自然法理論は、自然法のまったく新しい解釈によって成り立っていた。ポストモダンの帝国はそこから始まる一連の近代性の運動の結果として立ち現われてきたものである。

近代の自然権が自然法から導き出されたものであった限り、その理論は伝統的自然法と結ばれていた。しかし近代自然権理論が以後の歴史の中で絶大な影響力を持つようになったのは、そのような自然法理論に基づいてのことよりも、その自然状態説に基づいてのことであった。近代自然権理論の基礎には、何にもまして新しい道徳の大陸の発見者であるマキアヴェッリの理論が存していたのである。ホッブズの自然権理論はマキアヴェッリ的道徳の新大陸を近代世界に受け入れ可能なものとしたにすぎないのである。

ポストモダンのグローバル世界が「帝国」と呼ばれるにせよ「普遍同質的国家」と呼ばれるにせよ、それはかつてホッブズが「自動機械（Automata）(9)」のイメージで描き出した人工的動物「リヴァイアサン」の世界規模にまで拡大されたものであることに間違いない。そうであるがゆえにこの世界国家は、開けっ広げでむき出しの力が作用する世界として立ち現われてこざるを得なくなるのである。しかしこの力の帝国はその中から影の部分を生み出してくる機械装置でもある。それは同時に、この影の部分を生み出すことによって、そこに万人の戦争状態を再現してくることになる。

世界規模での万人の戦争状態は、倫理的パラダイムに目を向けるべきことをわれわれに指示する。それは倫理の理法を探り出せということを命じているのである。そのような倫理の理法の痕跡は古代の世界帝国の思想の中にかろうじて見出すことができるものである。しかしすでにストアの自然法も倫理の理法の残像でしかなかった。それゆえに古代の帝国は哲学的倫理に代わる新たな原理として宗教の力を借りなければならなかったのである。しかし、われわれは、ストアの自然法が倫理的パラダイムの残像でしかなかったからといって嘆き悲しむ必要はない。ポリスの基盤の上で古典哲学によって築き上げられたその原本である倫理の理法も、それが哲学によって導かれたものであった限り、それ以上に普遍性を持った自然法の理論を提示していたからである。それはポリスにおいて提示されたからといって地域的理論にとどまるものではなかった。そればかりかそれは、普遍的であるとともに永遠的な理法でもあったのである。古典的合理性を近代によって超えられたものと見る場合に、われわれはそこに意義を見出せなくなる。しかし今日のグローバル世界の行為原理を考えようとするとき、われわれが参照すべきはこの古典的合理性を踏まえたものでなければならないことは言うまでもない。

第七章　テロリズムの恐怖と闇

1　二十一世紀的暴力としてのテロリズム

† 科学技術が兵器になるとき

二〇〇一年九月十一日、ニューヨーク貿易センター・ビルとアメリカ政府機関に加えられた三機のハイジャック機による攻撃は、人類の血塗られた歴史に新たな一ページを付け加えた。いつの日にかそのページに、「啓蒙は一瞬のうちに野蛮に回帰し、それとともに人類の進歩の歴史は幕を閉じた」という文言が、タイトルとして掲げられていることになるのかもしれない。9・11のテロは、ポストモダンの標語がそっくりそのまま現実化された事件であった。というのも、近代の啓蒙が「敢えて賢かれ」の標語に示されるように、理性を自分自身の力で使用することができるように人間を引き上げること、人間の理性を育み人間のうちにある蒙《おお》われた部分を啓《ひら》くことであったとすれば、9・11は、その企て自身が自壊して、深淵に叩き込まれたような事件であったからである。ポストモダンの時代は、「敢えて賢かれ」を取り下げ、「敢えて愚かなれ」を標語として掲げるに至ったのである。

古代の喜劇作家が「平和」をテーマとして描いた喜劇の中に、平和の女神（エイレーネー）が戦争の神（ポレモス）によって地中深くに埋められてしまったという件《くだり》がある。作者アリストファネスは、戦争の神がすべてのポリスをすり鉢で潰してスープにしているとも描いている。(1) 9・11はそれと同じように世界を溶解させ、世界を「自爆テロ」という闇の怪物の餌食としている。そこに近代啓蒙のプロジェクトの破産が確認されるのだが、それはまた科学技術自体に死を宣告してもいる。

それは破壊の規模と死者の数からすれば、二十世紀の二度の大戦や原爆投下の被害に比べれば小規模であったと言えるかもしれない。だがその中に込められた意味からすれば、二十一世紀を象徴する事件であったことは間違いない。場合によっては二十世紀のもろもろの出来事をさえ凌駕する事件であったとさえ言いうるかもしれない。というのもそこには、これまで見られなかったまったく新しい原理が働いていたからである。その新しい原理とは、戦争の自己目的化と対立自体の消滅と言ってよい。これまで戦争原因であった価値や利害の対立はそこには見られないし、闘争の当事者である国民や人民大衆もそこにはいない。いまや対立する価値も、対立する陣営もなしに、戦争や闘争が行なわれるのである。あるのはただ憎悪から発する破壊の意志と殺意、そして虚無的で機械的な殺戮の行為、そして恐怖が残されるだけである。そこでは存在と虚無の対立から戦争が生じている。

　このゆえにこの事件は二十世紀を凌駕していると言い得るのである。だがこれには異論もあるだろう。そもそもそれに新しい意味を見出すこと自体、「テロとの戦い」を掲げている好戦的指導者に檄を飛ばすようなものかもしれない。おそらく代表的な反対論として、次のようなものが予想される。ひとつは、９・11といえども二十世紀の象徴である原爆の出現ほどの意味を持つものではないというものである。またひとつは、それを特徴づけているゲリラ戦はすでに何世紀も前から取り入れられていた戦闘形態であって、９・11はその延長上にあるもの、というものであろう。

　これらの反対論の言わんとすることは理解できるが、これらの疑念によっても、９・11が示す二十一世紀の原理的問題の存在が否定されるわけではない。ここではこれらの反対論にしばらく目を留めることによって、９・11のポストモダン的意味を確認しておこう。

　まずこれらの反対論が、近代性の立場から提出されていることを確認しておこう。するとそれらは、科学技術と政治に関する近代的理解に基づいてポストモダン的理解を否定しようとするものであることが分かってくる。そこからこれらの反対論の背後にはモダンとポストモダンの対立が控えていて、この対立点を考察するところから、テロリズムの恐怖を克服する道が見出されるかもしれない。

　科学技術が原爆を生み出したのは、科学技術が道を踏み外したからだとか、政治的にそれを用いた指導者たちの悪魔的発想のゆえだと考えられる場合がある。その元には科学技術そのものは善いものであるとする近代的発想がある。この視点から見ている限り、９・11のポストモダン的意味は見えてこない。9・11がわれわれに示したことは、科学技術そのものが武器であり兵器であるということだからである。そこでは先端技術はもちろんのこと、科学の思考それ自体が戦闘的で攻撃的であることが示されているのである。

9・11のテロに見られた攻撃手段（航空機）および攻撃対象（高層ビル）と、原始的な略奪（ハイジャック）とのあいだに存する対照性には、ポストモダン的二項対立のメカニズムを理解する鍵が隠されている。そこに見られる対立の背後には、近代性が理想として追究した文化、文明、人間性、法、国家、その他の複雑な文化的機構などと、それによってもカルティヴェートされることのなかった野蛮、暴力性、動物性、前近代性とともに、またカルティヴェートのゆえに生み出された近代の負の遺産としての野蛮、暴力性、動物性が入り混じった原始性の対立が、控えているからである。以下この問題にいくらか光を当てておくことにしたい。

そのためにまず、9・11に対するこのようなポストモダン的理解に対して加えられる第一の反論について考えてみよう。それは9・11には二十世紀の原爆以上の意味を認めることはできないというものである。それは「合理化が野蛮を生み出す」という近代性のパラドクスの正しい理解の上に立っているが、「合理化は同時に人間の野蛮化である」という点を見ていない。それはまた知の大衆化が知を野蛮にしているという面も見ていない。実は9・11は、近代性がはらむこの二つ要素の統合によって引き起こされたものなのである。それらの統合にこそそのポストモダン的意味があることを見なければならないのである。

9・11では航空機と空の交通システムと都市の一部が凶器に変じたが、その背後にはあらゆる科学技術の成果が控えている。航空機や原子力関連施設はもちろん攻撃目標でありえたし、同時に兵器ともなりえた。実際に攻撃された高層ビルが示していることは、本来兵器とは無関係のものまでもが兵器に転じたということである。しかも国防総省ビルは情報の混乱とそれとの関わりで生じる連鎖反応を引き起こす可能性を秘めている。高層ビルが兵器になるとは妙な言い方だが、それが殺傷力を高めることに役立ったことは事実であるし、社会的機能の低下から引き起こされる二次的災害を引き起こす可能性をも排除できない。これらのことが示していることは、かつて生産拠点であったがゆえに空襲の対象となった都市とは異なり、記号と情報の拠点としてのポストモダンの都市はそれ自体が兵器となりうる可能性を秘めているということである。要するにこの高層ビルでの出来事が拡大されれば、都市そのものが大量殺戮を助ける兵器となりうるということなのである。

それだけでなく、たとえば生命・生物科学、医療技術、遺伝子工学、ナノテクノロジー、情報工学、ロボット工学など自然や生命の操作に関わる様々な技術は、9・11に関与した航空工学やシステム工学などが果たしたのと同じ役割を、今後演じる可能性が高い。しかもコンピュータと遺伝子、ロボット、核の技術が加われば、やがて巨大な実験設備や生産設備などなくても、都市の屋根裏部屋でもプログラムの書き換えだけで大量破壊兵器の生産が可能になるかもしれない。それら技術の複合が恐ろしい結果をもたらす可能性は、ますます増大するであろう。すでに直接的な兵器生産なしにも兵器製造に道は開かれているのである。

要するに9・11の恐ろしさは、科学技術それ自体が兵器になりうることが示されたという点にある。そればかりか攻撃兵器に転用可能な技術が享楽を提供するために次々と開発されている。それゆえ威力を増した次の9・11の芽は、世界の至るところに潜んでいるのだ。かつて革命運動の指導者たちは、鎌やハンマーなど手当たり次第のものを武器に蜂起せよと民衆に呼びかけたが、今やそのような用具だけでなく、航空機、原子力発電所から果てはゲーム機に至るまで、およそ科学技術が生み出すものがすべて兵器に転じうる時代となっているのである。

†価値の対立から虚無の対立へ

本書が倫理の問題を論じることを本旨とする以上、政治理論や政治闘争の議論に深入りすることは避けねばならないが、それが政治的目的実現のための政治組織とその運動に関わり、政治的・倫理的目的という意味での価値の問題に関わるものである限り、何らかの闘争形態を採用する集団の問題やその闘争の倫理的意味を考えることは、避けて通ることはできない。

さて9・11は、その戦闘の形態だけに着目すれば、一種のゲリラ戦であった。さきに触れた9・11には二十世紀の他の出来事以上の意味があるとするわれわれの主張に対する反論のひとつは、ゲリラ戦の前近代的性格に目を留めて、そのポストモダン的性格を否定するものであったが、ここでは前近代的ゲリラ戦がある条件の下では超近代に転じることを指摘しておくことにしたい。

その闘争形態は、近代以前の世界での野盗や海賊集団の襲撃法から、近代国家の成立以前の様々な武装勢力による闘争を経て、やがてそれがパルチザンの革命的な反政府闘争や抵抗運動の闘争形態へと発展させられていった。その経緯を見れば、それが近代国家の成立と国内法の制定から、十八－十九世紀の国際関係と国際秩序の形成、さらにはその後の共産主義の革命闘争や民族解放闘争の中で近代国家の政治と倫理の問題に深く関わりを持っていたことが理解される。ゲリラ戦とはテロをも戦闘や闘争の一手段として位置づけ、その中で正義、闘争の目的、払われる犠牲の問題など、様々な倫理的問題を抱えながらも歴史の中で一定の役割を果たしてきた闘争形態であった。

しかし冷戦の終結とともに歴史の終焉が議論される中、この闘争形態は、紛争が継続している地域の周辺において歴史終焉後の政治情勢との関わりの中、戦闘を自己目的化する集団によって継承され存続はしたものの、その意味を大きく変じていくことになる。そしてこの部分がテロ組織として純化され、現代の「帝国」に対峙する暗黒の「帝国」を形作っていくことになる。それは自らの非正規性をいっそう徹底化するとともに、一国の国家権力に対する革命闘争の枠をすら完全に取り払い、文化と文明の全体に挑みかかる闘争団へと変質するのである。

彼らにとっては機械化による装備の高度化は不必要である。衝撃力は兵器の高度化によるのではなく攻撃対象の密集性と脆弱性によって高められる。そのためテロの目標は、旅客機、客船、鉄道列車、地下鉄、橋、建造物、学校、劇場など現代文明のもっとも無防備な部分が対象となる。かつてのパルチザンは正規的なもの、つまり軍人や軍施設を攻撃したのに、現代のテロリストはもっとも効率的に、被害が数的に高くカウントされるところを狙う。彼らの目的は、ダメージそのものよりも恐怖を与えることにあるのだからである。彼らは恐怖を効果的に与えることにのみ腐心する。

テロリストはどこにいるのか分からないのだから、どこにもいるようでどこにいるのでもない。それによって少数のテロリストによる多数の民衆の恐怖支配の構図が作り出される。彼らの狙いはそこにある。彼らは実際に支配することなど望んではいない。ポストモダンのテロリストにとっては、支配することすら煩わしいのである。虚無的な支配者の目指すところは、恐怖、混乱、破壊であり、最終的にテロそれ自体が目的なのである。

テロリズムが自由や民主主義といった近代の価値に重大な問題を突きつけていることは紛れもない事実である。そうであるがゆえに、近代の価値批判という点からも、そのような闘争形態の政治・倫理的意味の問い直しは不可欠となる。いずれにせよ今日この問題が問われなければならない差し迫った理由は、自由、平等、人権といった近代の倫理的価値の前提それ自体を覆してしまうような問題がそれに絡んでいるからである。

2　テロリズムの克服は可能か

†人間は闘争する存在なのか

人間は他者と共同して生きていかなければならない。それなくしてわれわれはよく生きることはもとより、存続することすらできない。しかし共同がいつも親密な関係となるとは限らない。そうなることもあれば、また敵対的な関係に陥る場合もある。そんな中で友と敵の関係が生まれてくる。人間が時として敵対的な関係に陥らざるを得ないのは、人間が生命であり、その保存を優先するからであり、そして生命の保存は生死をかけた闘いを前提とするからである。

人間が自らの生命の保存を優先させる存在である以上、まずは自分自身のために考えをめぐらせる。するとどうしても同じように自分の生命を保存しようとする他者に立ち向かわなければならなくなる。経済的な豊さが実現されている場合でも、他者との競争や争いがなくなるわけではない。人間とはまったく変化のない世界でよく生きることのできない存在だからである。競争や争いがない世界とは、おそらく死後の世界でしかないであろう。われわれはつねに自分の生命を保存するために何が大事であるかを考えるところから始めて、そこから生の目的を立て、その目的実現のために何をすべきかを考えるのである。そしてそこにこそ善き生があると感じるのである。ルソーが自然人の中に認めた「自己愛」は、人間的生にとってもっとも根本的なものなのである。

平和で友好的な関係を作り出していくことは、人間的生の最高の目的であろうが、各人が自らの関心の優先順位に従ってこの目的実現のために行動するようになると、そこに軋轢《あつれき》や衝突や抗争が生じることになる。それは善き生のためには不可避でさえある。しかも人間は本来的に理性的存在であると考えられているが、彼らがつねに必ず理性的に振る舞いうるとは限らないし、理性的だと思っていながらそれを履き違えている場合もある。それどころか、つねに理性の声に従って振る舞っていたとしても、それとは正反対の結果に陥る場合さえある。というのも理性そのものが二律背反を抱えているのであって、実際の行動においては、様々なジレンマに陥らざるをえないからである。

†　闘争する生から抜け出るための賢慮

そうであるがゆえに、古の時代からわれわれは善き生のために、情念に支配され判断を誤ることのないよう、実践の問題を深くから考える訓練を重ねてきたのである。それが倫理の学であった。倫理の学から、思慮深く生きることがいっそう高次の生き方であるとする考えが導かれてくる。この思慮深さと関わる知は「賢慮（φρόνησις）」とか「実践知（prudeitia）」と呼ばれてきた。そしてそれは「政治哲学」という一つの学問領域として「倫理学」や「政治学」とともに形成されてきた。それは共に生きるより外に「よく生きる」ことができない人間を「善き生とは何か」という問いへと導き、そしてそれを実現するために「何を」「いかになすべきか」という問いに答えるため、己に磨きをかけるよう促してきた。

その問いに対する答えは容易には導き出されえず、それゆえその学問領域では、そのような問いに対する答えを導くための対話的問答が繰り広げられなければならなかった。人間と人間、人間と共同体、さらには共同体間に生じてくる諸問題に対処する術は、このような対話を基にした知から導かれてくるはずである。

†　テロリズムを許すもの

9・11以後、われわれに何らかの指針を与えることのできる知があるとすれば、このような知以外にはないであろう。9・11のテロがかつてのパルチザンに関わりを持つことは、その非正規性と遊撃性と闘争の激烈さという点から読み取れる。しかしパルチザンが、自由、平等、友愛という標語とともに語られてきたのに、テロはそれらのスローガンともはや関わりを持たない。パルチザンは自然法や自然権の観念によって導かれていたのであって、それが非正規的であったのは、実定法に裏づけされ正規の側がそれに対峙していたからである。それゆえ実定法が取り払われたとき、その非正規性は正規性に転じるはずのものであった。パルチザンはいわば自然法に根拠を持ち、自然法によって採用された闘争形態だったのである。この点にかつてのパルチザンと今日のテロリストの違いが読み取られうる。

ところが今日のテロにはそういった正当性の片鱗さえ見られない。その違いを理解するところから、今日の危機を克服する筋道が見えてくるかもしれない。というのもテロリズムをその現われのひとつとするポストモダンの危機は、まずは自然法否定をその特徴とするものだからである。リベラル・デモクラシーとは政治的地平で近代性を表わす概念であるが、その一部は、戦闘形態の近似性のゆえにテロリズムの中にパルチザンに認められたこの自然法的根拠を見てしまった。そこにリベラル・デモクラシーが、今日のテロリズムを許した遠因がある。かつてリベラル・デモクラシーがナチズムの出現を許したとき、その寛容さにその原因があると言われたが、今日のテロリズムを許したのも、それとまったく同じ寛容さに原因を求めることができるかもしれない。寛容こそ自然法否定を準備するものなのである。

†万人の万人に対する闘争の悪夢

リベラル・デモクラシーとテロリズムは、今日の政治的対立の当事者であるといってよいが、両陣営とも反「僭主政治」の運動にその起源を発するところに共通点を有する一方、そこから発しながらともにそれ自身が「僭主的」支配の構図に捕らえられているという点でも共通する。リベラル・デモクラシーは、人間の欲望に訴えかける甘い宣伝文句と大量の生産と消費を通して世界の普遍化と同質化を進めてきた。しかしこの普遍化と同質化は、新しい帝国的「僭主」支配と見ることもできるのである。それは実際に完全にテクノロジー化された支配機構による地球全体の支配を実現している。

他方で、そのメカニズムからこぼれ落ちた地球上の被支配者たちは、「闇の帝国」を形成する。かつてのパルチザンが夜に攻撃しては昼に休息したように、現代のテロリストたちは「闇の帝国」から真昼の装飾品に狙いを定める。テクノロジーの先端を行く帝国の装飾品は一瞬の光とともに人々を恐怖の淵に叩き込む。そこにはかつて「万人の万人に対する戦い」の中で人々を恐れさせた「暴力死」の恐怖がある。したがってその恐怖を直接準備するのは近代性そのものにほかならないのである。しかしこの新たなる闇の恐怖を準備したものが近代の科学技術であるところに、微かにではあるがこの世界からの出口が指し示されている。

† グローバル世界がテロを準備する

グローバル化した世界の恐怖は、世界の無区別と平板化によってもたらされる。それは人権、自由、平等、民主主義、幸福追求といった近代的価値を作り出すことの副産物である。それが科学と同じ論理によって追求されるとき、それらの近代的価値は単なる仮説でしかなくなるからである。テクノロジーの無限の発展と人間の労働によって実現される自由で平等なる世界、「普遍同質的国家」はその実現のために一方の大きな柱と位置づけていたものを断念せざるを得なくなる。われわれが直面させられている帝国もテロリズムも、ともに近代性の申し子である。両者とも近代科学とリベラル・デモクラシーから生み出された。帝国とテロリズムの両極に分裂した近代性の一方の極には孤独なる群衆の壮大な群れが形作られ、その対極にその群れから抜け落ちた孤独者たちの仮想の集団が対峙している。前者の普遍同質的集合体と後者の軽装性と遊撃性の仮想集団は、現代のテクノロジーの陽と陰の問題点を提示している。そしてこの近親憎悪的に対立する両極の深淵に架橋して通路をつけるのは、ポストモダン時代の倫理性をわきまえた政治哲学以外にはない。

† テロリズムと政治哲学

その政治哲学が今日のテロの時代に対して以下の点を結論として提示するであろうことを最後に確認しておきたい。9・11を封じる最良の手立てはテロの実行者を封じることというもっとも一般的な答えは、政治哲学が取り立てて結論として述べるべきものでもないので、ここでは以下の二点を政治哲学からの答えとして挙げておくことにする。第一は、科学技術の限界を見定めること、あるいはもっと突っ込んで言えば近代文明そのものの脱構築である。そして第二は、野蛮からの揺さぶりに超然たる態度で立ち向かうことである。科学技術の限界あるいはもっと一般に近代性の脱構築は、9・11以前からも一部では語られていた（たとえば核兵器や生命工学がわれわれに警鐘を鳴らしている）が、その不可避性はいまや自明であり、早急に取り組まれなければならない。テロに対して超然たる態度で臨むことは、おそらく政治哲学だけが担いうる事柄であるだろう。そのことはこれまで見てきたことからも明らかなように、テロが恐怖を煽り立てることをその最大の目的としている以上、それに打ち克つためには、哲学による「落ち着き」の取り戻し以上に有効な手立てはないからである。

3　共生への試み

†共生の政治哲学

これまでの議論を通して最終的に「共生を求めよ」、という命題が導き出されてきたように思われる。この命題が意味を持つためには、別のもうひとつの命題が前提されている必要がある。それは人間とは「自ずから共同を求める存在」であるというものである。言い換えれば、人間をホッブズ的視点からではなくルソーの視点から見よということである。ルソー的に人間を見るとは、彼が自然人に認めた「憐れみの情」を備えた存在として人間を見よということを意味している。

ところが「憐れみの情」を備えた存在が必ずしも善への素質を備えているとは言いえないところに倫理の問題を考える際の難しさがある。「同類相憐れむ」だけでは、互に傷を舐めあうことはできても、まだ手を取り合うということには至らないであろうし、「弱き人々」を哀れみながら、その弱みに付け込む人もいる。またたしかに「自愛」からだけでは共生という視点は出てこないが、自愛のゆえに成り立つ経済的な繋がりもある。

しかし「共生」の具体化にとっての最大の難題は、われわれがみなエデンの園の林檎の実を食べた存在であるという問題である。ルソー自身も社会の問題についての解決案を提出しようとするとき、かつて自ら行なった「自然人」についての思索を封印してからでなければならなかった。ここでもこれと同じことが言いうる。

†末人を超えるために

ホッブズはこの問題の解決のために、黄金律を変形した「自分がなされることを欲しないことを他人に対してするな」という禁止の命法を持ち出している。それは権利の放棄、あるいは「自由」の断念を含意していた。現代人に対して自由の断念を忠告することがいかに難しいかは大いに理解できるが、大地が小さくなって登場してくる「末人」の世界を抜け出し、その社会を「共生」社会へと変えていくためには、そしてそのための知恵についてこれから議論を深めていくためには、ある意味での自由の断念、あるいは自由の新たな意味理解が不可欠なのではないだろうか。ここではその必要性と必然性を理解しなければならないことを示唆するだけで、次なる議論の課題としての「法」の問題へと論を進めなければならない。

第八章　共生の時代の権利と法

1　政治哲学のポストモダン的再構築

†ポストモダンと政治哲学

政治哲学がとりわけて脚光を浴びた時代は、人類の長い歴史のうちでもそれほど度々あったわけではないが、少なくともソクラテス、プラトン、アリストテレスらが活躍した時代と、ホッブズ、ロック、スピノザ、ルソーといった人たちが活躍した時代は、ことさら政治哲学が注目された時代であったと言いうる。古代ギリシアの哲学者たちが語った哲学にはポリスの政治が関わっていたし、近代の枠組みができつつあった時代の哲学思想にも近代に固有の政治や国家の問題が密接に絡んでいた。

そこから古代ギリシアのポリスを舞台とした古典的政治哲学を超えて近代の自然権や社会契約の議論を含む近代的政治哲学が出現してきたと考え、もはや前者はこの後者によって超えられ、歴史的意味しか持ち得なくなったとする考えも出てくる。そしてそこから二十一世紀的現代に指針を与える政治哲学は近代的政治哲学の継承と批判の上に立ったものでなければならないという主張も出てくる。さらにまたそこから、過去の政治哲学はどう扱われるべきかという問題が出てくる。これからの議論では、古典的政治哲学を単に過去の遺産と見る考えに異論を唱え、むしろそれら過去の「政治哲学」からポストモダンの時代に必要とされる政治哲学の核を取り出してくることができないものかどうか考えてみることにしたい。そのように考えるのは、それらの「政治哲学」がある意味での「自然権」の理論であった限りにおいて、時代と歴史を超えた不変かつ普遍的な知をそのうちに内含していたと考えうるはずだからである。

そのように考えることによってわれわれは、これまでの二つの時期に加えて二十一世紀始まりのこの時代を、政治哲学が再々度脚光を浴びる第三の時期となしうるし、またそうしなければならないと論じようと考えている。そのような政治哲学を第三期の政治哲学と呼んでよいと思うが、今そのような政治哲学を真剣に考えてみなければならないのは、われわれがなお「近代性の危機」の只中に生きているからである。ポストモダンの到来は、この未曾有の危機を超えたからではなく、その危機が未解決のまま残されなお継続中であることの証なのである。それゆえわれわれは今、近代のリベラル・デモクラシーとその危機を乗り越えるための新しい政治哲学を必要としているのである。

ところでこの政治哲学は、思想史的には、ニーチェとシュミットとハイデガーの流れを受け、シュトラウスとコジェーヴによって切り開かれ思想の流れに掉さしている。ニーチェの予言とともに始まり二十世紀の政治的破綻を経て二十一世紀的現代に連なるこの一連の流れの棹尾を飾るこの政治哲学は、モダンの抱えていた諸問題もろとも現代われわれが直面しているポストモダン的諸問題をも一挙に解決へ導こうとする政治哲学の新たな波と解されうるであろう。

†　哲学から科学へ・法から権利へ

ところで政治哲学が脚光を浴びた時代の議論において中心的な位置を占めていたのが理性と啓示をめぐる問題であったが、これからの議論でもそれと同様に理性と啓示をめぐる問題が中心に位置することになるであろう。というのもポストモダンの最大の問題は「神の死」だからである。政治哲学の根本に位置する問いは、「善」とは何であるか、「正義」とは何であるか、「善き生」とは何であるかという問いであるが、それに答えるためには人間か神のいずれが根源的であるかという問いに答える必要がある。この問いは善、正義、法とは何かについての問いと不可分であり、人間を超えた存在者による基礎付けを必要とするのである。さらにはその人間を超えた存在者は、理性によって基礎づけられるのか、啓示によって基礎づけられるのかという問いもそれに関わってくる。つまりこれらの問いに正しく答えるためには、人間理性か神か、哲学か信仰か、いずれが人間的生にとってより根源的であるのかという問いに答えることが必要になるからである。

古典古代に「善き生」の問題が問われたとき、その問題を思考した人たちを人々は「哲学者」と呼んでいた。近代の議論においてこれと同じ思考に携った人たちは、さしあたっては「哲学者」と呼ばれていたが、やがて「科学者」と呼ばれるようになった。「哲学」は次第に「科学」に取って代わられ、それとともに学者たちは、科学それ自体とも異なる特殊な持ち場を自らに与え、それを自己の領分と考えるようになった。認識の理論、社会の理論、歴史の理論などが、そのようなものとして挙げられるであろう。

このような新しい知的営みの出現、哲学から科学への知の転換に伴って、善や正義をめぐる問題解決の仕方にも、大きな転換が生じた。その転換に様々な形があるとはいえ、大体の一致が見られ、それを神的なものから人間的なものへの転換と言ってよいように思われる。それとともに思考の上で生じた転換は、「信」から「知」への転換と言い得るであろうし、道徳や政治の上での転換は、「義務」から「権利」への、あるいはこれからのテーマに引き寄せて言えば、「法」から「権利」への転換と言うことができるであろう。

近代性の政治的な地平での現われであるリベラル・デモクラシーの出現に対しても、この転換は決定的な役割を演じた。ヨーロッパ近代はリベラル・デモクラシーの原理に基づく国家建設をなし終えた後、その原理の普遍化へと乗り出して行ったが、そのような方向に向けての変化は、すべて今触れたような原理の転換の具体化としての意味を持つものであった。

†　近代性への反抗

しかしそのような原理に基づいた近代の国家理念に対しては、早くも十八世紀の初めあたりから疑念が表明され始めていた。スウィフトが先鞭をつけルソーが後を追った古典古代への回帰の動きは、このような疑念の表明であったと考えることができる。この流れが歴史の観念と結びつき、近代性に対するロマン主義的反動と歴史主義を経て「実存」の概念にたどり着いたとき、リベラル・デモクラシーは大いなる危機の前に立たされていた。近代性の危機、政治的にはリベラル・デモクラシーの危機と言い換えてもよいこの危機を予感した「実存」の哲学者たちは、この危機を乗り越えるために、第三期政治哲学への助走として、西洋近代とりわけ近代合理主義に対する批判を展開した。ハイデガーのナチズムへの加担は、この合理主義批判の政治的実践としての意義を持つものであったと言えるかもしれない。

レオ・シュトラウスは、この第三期の政治哲学に向けてこれら実存の哲学者たちによる思索を受け継ぐかたちで、スピノザ哲学批判と中世ユダヤの合理主義の再検討をもって、自らの思索を開始した。その中でシュトラウスが注目することになったのが「法（Law, Gesetz）」の概念であった。この概念は、ホッブズやスピノザなどの近代初頭の自然権論者たちによって否定されるかあるいは解釈替えされ、近代性の前面から後景に押しやられていた。ところがこれらの人々とは異なる視点からその概念に光が当てなおされたとき、そこに政治哲学の第三期を切り開く可能性を秘めた思想への手掛かりが得られることになった。

以下において、西洋近代を特徴づける概念としての「自然権」と「法」についてのシュトラウスの見方に焦点を合わせることによって、そしてとりわけシュトラウスがいかにしてこの「法」という概念に新たな意味づけをなすことに成功し、近代合理主義を超える「合理性」に新たな光を投ずることになったかという問題を見ることによって、第三期の政治哲学に必要とされる視点についての考察を試みることにしたい。

2　近代合理主義と「法」

† 中世ユダヤの思想に触れて

われわれはその考察を、シュトラウスの『哲学と法律』の「序論」の冒頭の言葉に注意を払うところから開始しようと思う。シュトラウスはその箇所において、中世ユダヤの哲学者マイモニデスにユダヤ主義における「合理主義の古典」があったとするヘルマン・コーエンの言葉を引き合いに出しながら、すぐに「マイモニデスの合理主義は真の自然的な模範であり、どのような歪曲からも注意深く護られなければならない基準であり、近代の合理主義がその上で倒壊してしまった躓きの石である」(1)という言葉を付け加えるところからその論述を開始している。

おそらく十数年後のシュトラウスならば、このように直截的な言葉をもって自らの考察を開始することはしなかったかも知れない。しかしここで述べられている言葉は、書物の冒頭にありながら、真実を語っていると見てよいように思われる。シュトラウスがまだ包み隠さずに意見を述べる人物であったがゆえに、この著作は当時の思想状況の中で、本来近代性によって超えられたはずの中世の思想家に、無謀とも言えるあからさまな共感を表明する著作物になりえたのである。

†　スピノザの合理主義と信

シュトラウスはそこにおいて、近代の合理主義の躓きの石ともなった合理主義の範型がマイモニデスの思考のうちにあることを確認し、それを自らのものとすることの必要性を確認しているのである。ここではシュトラウスに先行するスピノザ以後のユダヤ主義内部における議論にいくらか目を向けることによって、そのような中世の合理主義の内にあった「法」の概念を中心としてめぐらされる思考の意義を確認し、そこから取り出されてくる合理主義による近代合理主義の超出の可能性に、簡潔な考察を加えたい。

スピノザの合理主義に対して逸早く疑念を表明したのは、ヤコービであった。ヤコービは、正統主義に対して向けられたスピノザの啓蒙の立場からの批判に、ユダヤ教はもとより宗教それ自体の否定が含意されていることを見て取った。スティーヴン・スミスはヤコービのスピノザ批判を次のように要言している。「ヤコービの論点は、スピノザと十全な理性の原理が正しいなら、その避けがたい帰結は決定論ばかりでなく運命論と無神論であり、言いかえるなら人間の自発性と自由の完全な否定である、というものだった」(2)、と。ヤコービのスピノザ批判において中心におかれたものは「信」であったが、それは一面では、啓蒙を否定して再び正統主義へと回帰する思想と結びつくものであった。レッシングやゲーテ、それに加えてドイツ観念論の思想家たちが押し並べてスピノザ主義に傾斜していく中、ヤコービのこのようなスピノザ批判の観点は、それ以後のユダヤ主義をめぐる議論において、常に前提に置かれるものとなった。とりわけドイツのユダヤ知識人社会にあっては、それはスピノザの哲学そのものの評価に関わる議論の前提となっていった。[3]とはいえスピノザ批判者たちが押し並べて、このような直ちに正統主義と結びつく「信」の立場への回帰に与したわけではなかった。むしろ彼らは、スピノザの哲学の宗教批判とその近代的性格を受け継ぎながら、そのような哲学の中にユダヤ的伝統をどう位置づけ直すかといった観点から論を展開していた。つまりそこでの議論は、もっぱら近代の哲学的合理主義の立場からユダヤ主義の再生の道を探るものであったと言ってよい。このような近代性の立場からのスピノザ批判者たちにとっては、スピノザによって達成された近代の科学とリベラル・デモクラシーの地平は、すでに到達されたものであるかこれから目指されるべきものであるかはともかく、揺るがしがたい前提となっていたのである。

† 真の合理主義と哲学

これに対してシュトラウスは、ローゼンツヴァイクやコーエンらの近代の哲学的合理主義に立ったスピノザ批判にも同調するのではなく、むしろヤコービ的な伝統主義への回帰に沿うかのように、「真の合理主義の原型である」マイモニデスの中世的合理主義への回帰を主張し始めるのである。彼はマイモニデスに回帰することによって、スピノザが苦闘した「哲学と啓示」の問題に、あるいはスピノザがその問題に対して導き出した結論に、改めて立ち向かおうとしたのである。(4)

シュトラウスはしばしば、マイモニデスがスピノザ以上に「深遠な」哲学者であるというような趣旨のことを述べている。(5)シュトラウスがそのように述べることができたのは、マイモニデスの『迷える者の手引き』が「法についての真なる学」(6)であり、さらに「法」についての学は「自然」についての学であるという理解に基づいてのことであった。シュトラウスはマイモニデスの「法」をめぐる思考の中に、近代の哲学的な自然学が理解する「自然」とはまったく質を異にする自然の概念を読み取ることになったのである。

スピノザがマイモニデスを「全神学者たちの代表」とみなしたのとは対照的に、シュトラウスはマイモニデスに哲学者を見る。(7)もっともここで言われる哲学者は、一般に理解されている古代の哲学者たちとも、また近代の合理主義的な「哲学者」たちとも異なる。ここで言われる哲学者は、「法すなわちトーラー（Torah）の法廷の前でなぜ哲学なのかを、あるいはなぜ学なのかという問いを発する」(8)哲学者である。この問いはむしろ、「ポリスあるいは政治的共同体の前で哲学すなわち学を正当化する」(9)プラトン的対話篇の哲学者が問う問いと本質的に同一の問いなのである。

シュトラウスがマイモニデスを哲学者と見ることができたのは、「法」あるいは「トーラー（律法）」に自然的あるいは哲学的要素を見ることができたからであった。要するにシュトラウスはスピノザとは対照的な目でマイモニデスを見ることによって、スピノザとは異なる自然の概念に到達する。

そしてこの一風変った自然の理解に基づく哲学的思索にこそ、第三期の政治哲学を担う「自然の学」としての「哲学」があると考えられるのである。

3　自然の法と法の自然

† 高次の「法」概念

シュトラウスは『迷える者の手引き』を「トーラーについての、すなわち法（Law）についての真なる学」[10]と解し、その研究を通して、高次の「法」の概念の理解に達した。この高次の「法」の概念は、近代の科学と「リベラル・デモクラシー」を基礎づけている理性の概念を超える理性概念によって基礎づけられるものである。それは理性と啓示の問題の近代的解決を超える思考の枠組みを必要とする。ここではしばしその高次の「法」の概念に目を向けることによって、新たな政治哲学、したがってまた新たな自然権理論の可能性を探ることにしたい。

そのような高次の理解によって得られる「法」の概念は、近代合理主義が批判の対象とした「法」の概念とは異なる。近代合理主義が批判の俎上に載せたのは、たとえばホッブズがラテン語で表わされる「自然法（lex naturalis）」に言及していたことから容易に察せられるように、ローマ法に起源を持つ「法」概念であった。シュトラウスがマイモニデスに見出した「法」の概念は、それとは異なり、ユダヤ起源のものである。このようなユダヤに起源を持つ「法」の概念への通路を提供したのはスピノザであった。スピノザの普遍主義は、このユダヤ起源の「法」のユダヤ的特性を取り払う役割を演じたのである。これによってマイモニデスの「法」は、特殊ユダヤ的な学知の限界を超えてゆくことになる(11)。

† 哲学を超える真の法の学

『迷える者の手引き』は「一般的な意味での法についての学」としての「フィクフ（fiqh）」に含まれている二つの部分のうち、「理論的な部分」に当てられた著作である。これに対し、もう一方の「実践的部分」に当てられたのが『ミシュネー・トーラー』である。「法」の実践的部分を担う『ミシュネー』が、「禁止や命令に含まれているかぎりでの信念や意見を取り扱う(12)」のに対して、その理論的部分である『迷える者の手引き』は、「命令や禁止をその理由を説明するために取り扱う(13)」ものである。にもかかわらずそれは「目に見える世界は永遠であるとする哲学者の論点に対抗して、法の主要な根拠つまり創造への信仰の弁護に捧げられている(14)」とも言われている。このことからも明らかなように、それは本来「哲学」と考えられているものに比すれば、非哲学的なものであると言われて然るべきであるかもしれない。

しかし『哲学と法律』においてシュトラウスが試みているように、「預言者」の知を直接的な知と解し、「哲学者」の知を間接的な知と解することが可能であるならば、そして預言者の知を「真の法の学」であると解することができるとすれば、それは「哲学」以上の知であると考えることもできるはずである。シュトラウスがマイモニデスの著作の理論的部分が取り扱っている「法」に着目し、そこから近代の合理性に代わる別の合理性について考え始めたとき、彼はマイモニデスの「真の法の学」に「哲学」を、あるいは哲学以上でありかつ神学にも該当しない独特の「哲学」を見始めていたのである。このような企ての中に政治哲学の第三期の本格的な開始を見届けることができる。

「真の法の学」である『迷える者の手引き』は、シュトラウスによればトーラーの秘密の説明であって、通常は哲学とは解されないものであるが、それが哲学と解されないのは彼独特の哲学についての観念に基づいてのことでしかない。われわれがもし「広い意味で用いられる哲学」という考えを採用すれば、マイモニデスの「真の法の学」をその中に数え上げることも可能である。というのも『迷える者の手引き』は、マイモニデス自身の哲学の区分でいう理論的部分（数学、自然学、形而上学）と実践的部分（倫理学、経済学、都市の統治の学、諸国民の統治の学）のいずれを取り扱うものとも言いえないにしても、強いて言えばその「創造の物語」は自然学を、そしてその「神の現示の物語」は形而上学を取り扱うものと解することができるからである。

†自然の学と法学が結ばれるところ

もしそのように解しうるなら、『迷える者の手引き』は、独特の意味と手法に基づく哲学的著作と言うことができる(15)。しかしまた、そのような「創造の物語」と自然学、「神の現示の物語」と形而上学を結びつけることがマイモニデス自身の意図に矛盾すると考え、彼が真に意図していたのは「［自然学や形而上学といった」想定されている学問の教説が聖書の秘密の教えと同一であることを示す」[16]ことであったと考えたとしても、マイモニデスが企てた「法についての真の学」は、それ自体が独特の「自然」についての教説であると解することができ、そしてそこには紛れもなく「哲学」が存していると見ることができるのである。マイモニデスが自らの著作を哲学書の中に数え上げなかったのは、彼にとって「哲学」とは、ただアリストテレスの教説に与えられた名辞でしかなかったからである。

シュトラウスは中世ユダヤの哲学者マイモニデスの著作の中の、とりわけ「法」についての言説に目を向けることによって、近代の哲学とも古代の哲学とも異なる独特の「哲学」を見出した。イェルサレム－アテナイ問題つまり啓示と理性の問題は、こうして理性の名で啓示を退けることによって両者の対立を解決する近代的解決とは異なる仕方での解決、すなわち理性を啓示に包摂させることによって両者の解決を図る道が準備されることになる。このような見方からすれば、「預言学」として哲学の一部に位置づけられる学において、「啓示」すなわち「預言者を通して神から与えられる法」は、当然のごとく哲学の主題として浮かび上がってくる。

†　預言術と哲学の交差

シュトラウスはマイモニデスを通して、「法」と「自然」が必ずしも対立的概念ではないということを理解するとともに、スピノザの合理主義が否定しようとした「預言術（prophetology）」、とりわけそこにおいてその真の姿を現してくる啓示の中に、「自然」への通路が存することを理解するようになる。シュトラウスによれば、マイモニデスの「預言術」にはイェルサレムとファラーシファに見出される知、したがって啓示に基づく知に相応の地位が与えられている。啓示に基づく知は、近代科学の成立に寄与した理性によって否定されたのであるが、非歴史主義の目から見れば、その否定は必ずしも当を得たものとは言えない面もある。逆に啓示の再評価によって、近代の「哲学」や「科学」が次第に道を譲ることになる「情念」や「構想力」の取り扱い、それらが締め出してしまった「知の完成に不可欠の道徳の完成」[17]の問題の取り扱いに、道が開かれる可能性が出てくる。シュトラウスは預言が自然的であるとともに人間性の完成に関わるものであるとさえ考えるに至っている。それゆえ預言者は「また哲学者であるとともに現存している認識者」[18]であるとさえ言われるのである。

新たな人間論の拠点

シュトラウスは『哲学と法律』において、すでにこのことの明確な認識に達していた。シュトラウスが到達したこの新たな合理主義の理解にあっては、近代の哲学と科学の理解とは対照的に、啓示に相応の地位が与えられている。ただしこの回復されるべき啓示についてシュトラウスは、以下のように制約を設けている。「啓示が知解可能であるのは、ただ神の啓示の行ないが媒介的原因(Mittelursachen)によって遂行され、創造や創造された自然の中で作り出される限りにおいてのことでしかない。もしそれが完全に知解可能であるとすれば、それは端的に自然的な事実でなければならない」[19](傍点部原文イタリック)。

とは言えここには、現代の人間学が理解するのとは異なった神の啓示を受けその内に自然を宿している人間がきっちりと位置づけられている。そのような預言者的人間の典型が見られるのは立法者においてにほかならない。それゆえ「ひとりの預言者を通して神によって与えられた法（Gesetz）としての啓示は哲学の対象である[20]」。このことによって「自然の学」としての哲学は己の存在する場を確保することになる。シュトラウスはこのことを「啓示の哲学的理解、法の哲学的基礎は、それゆえ、人間の自然からの預言の説明を意味する[21]」と言い換え、来るべき政治哲学の成否を決するものが「法」の概念であることを確認しているのである。

4　理性・啓示問題の再考と法・権利考

†　古典的「法」概念への通路

本章のテーマである「共生」の時代の政治哲学のために、これまで見てきた啓示と理性をめぐる論争に加え、古代と近代の論争についての考察が付け加えられなければならない。シュトラウスは、マイモニデスという中世の哲学者に注目するところから、さらに古典古代の哲学にまで回帰する歩を踏み出していった。マイモニデスからファーラービーの研究へと歩を進めることによって古典古代の哲学を新たな視点から理解する道が見えてきたのである。その方向に向けての道筋は『哲学と法律』において、マイモニデスの「法」の理解、とりわけイスラム哲学すなわちファラーシファたちの影響の下にあった「法」の理解の深化とともにシュトラウスの視界に入り始めていた。

シュトラウスの思想発展を三つの段階に分けて説明しているA・ブルームによれば[22]、『哲学と法律』に結実した思想は、その思想発展の第二段階に至る途上で、次第にイスラムの哲学者アル・ファーラービーを視界に捉えるにしたがっていっそうの深化を見ることになった。一九四五年に公表された「ファーラービーの『プラトン[23]』」という論文は、そのような研究の成果である。そしてファーラービーの古典哲学理解の解釈を通して、伝統的プラトン理解とは異なるプラトンの像がわれわれの前に提示されていくことになる。

†「著述の技法」と「注意深い読解」

リベラル・デモクラシーの崩壊から文化と文明の倒壊へと転がり落ちてゆくドイツを後に、パリ、ロンドンを経てニューヨークにたどり着く数年間におよぶ精神的な東方への流浪の旅の中で、シュトラウスは、近代的合理主義の欠陥を暴き出し、その修復によって以後の人間的生を展望する拠点を得ることになったのであるが、その拠点となりうるものが古典的合理主義なのであった。彼の古典的合理主義への通路を準備し、その思考を特徴づけることになった「著述技法」と「読書法」が、イェルサレムからメッカを経てアテナイに至る精神の旅の中で浮かび上ってきたことには、何か単なる理性によっては説明しえぬ力が働いていたのではないかと思いたくなるほどである。

シュトラウスはその旅の終着点アメリカで、独特の「読書法」に基づく哲学の歴史の研究、つまり古典的著作の「注意深い読解」に基づいた新たな政治哲学を着想することになったが、「忘れられた読解術（a forgotten way of reading）」や「秘教的著述」と「公教的著述」の区別といった著述技法の問題を意識した一連の作品が書かれたのは、彼が自らの永住の地をアメリカに見出したころに集中している。そしてそのような読解法や著述技法の問題についての考えをはっきりと固めることになった研究こそ、「ファーラービーの『プラトン』」であった。

†もう一つの「哲学」理解

シュトラウスの政治哲学の基本的姿勢を宣言するものともなった『迫害と著述の技法』の「序論」は、この「ファーラービーの『プラトン』」を元にしたものであるが、ある意味で一つの論文形式をとって書かれた「序論」では見えなくなってしまったものが、元のファーラービー論文ではある程度見て取ることができる。つまり「序論」の論述では行間で述べられることになったものが、シュトラウスの思考の痕跡を留めているこのファーラービー論では、公然と述べられているのである。ここではその「ファーラービーの『プラトン』」から得られる情報に限定しながらではあるが、ファーラービーの古典読解に目を向けることによって、古典的合理主義からの情報によって鍛えられたポストモダンの政治哲学のいくつかの論点について考えを巡らせておこう。

さてここでわれわれが目を向けることになる「ファーラービーの『プラトン』」は、ユダヤの哲学者マイモニデスに影響を与えたイスラムの哲学者ファーラービーの「プラトン論」に対する批評といった体裁の論文である。それは、ファーラービーの「プラトン論」への、周到なる注釈といった体裁のものでもある。それは中世イスラムの哲学者が、古代ギリシアの哲学者プラトンの対話篇とのあいだで交わした対話に、シュトラウスが注釈者として加わることによって成立した、超時間的な対話の記録であると言いうる。

まずは異教的伝統の哲学を通して、ヨーロッパの伝統の中で、とりわけキリスト教的伝統の中で忘れ去られていたもろもろの観点が、そこから浮かび上がってくるということは大いに期待されうる。なかでもファーラービーのプラトン理解から学びうることは、「哲学者の大衆への同化と哲学者の政治的生活からの撤退をともに拒絶する」[24]哲学者による哲学の本来的あり方である。さし当たってそしてそのような哲学の本来的あり方は、哲学の古典的な像とともに哲学のポストモダン的あり方をわれわれに示してくれることを、ここでは示唆しておこう。

ファーラービーに目を向けることによってシュトラウスの目に入ってきた事柄の第一は、ファーラービーの理解するプラトンが、「哲学者は「なぜ哲学なのか」という問いに答えることによって自らの行ないを説明しなければならない」[25]とする立場を前提とする哲学者であるということであった。「なぜ哲学なのか」という問いとともに、「哲学」と「宗教」あるいは「啓示」との対立だけでなく、ソクラテスの「存在の学」としての「哲学」ともプラトンの「イデアの学」としての「哲学」とも異なり、それらの「哲学」との対立の中で理解されるような哲学の問題を考察する視点が確立される。つまりそのような仕方で問題を立てることによって、とりわけ後に「哲学」にとっての躓きの石となった「科学」の問題を視野に入れたいっそう高次の哲学が浮かび上がってくる。そのような知によって近代性を超えるとともにポストモダン的苦境を超えるための通路が拓かれるのを見て取ることができるのである。

†幸福の実現と都市

ファーラービーが提出した「なぜ哲学なのか」という問いに答えるためには、「幸福という人間の自然的目的を考慮しなければ[26]」ならないという問題が浮上してくる。というのも「真理」の探究にすべてを捧げる哲学的な人生こそ最大の「幸福」であると言えるかもしれないが、哲学者が求める真理の正否は哲学者の孤独な探究によっては確かめることができないからであり、それゆえ哲学的な真理探究には他者を必要とするからである。哲学者自身が他者を必要とするという、まさにこのことのゆえに「幸福」は政治哲学のテーマとなる。

それゆえ第二に、そこから哲学は政治哲学でなければならない、すなわち哲学の補完物は「宗教や啓示によってではなく政治によって与えられる[27]」ことになるという論点が導かれてくる。そこからまた「哲学は哲学者の幸福を生み出し、実際に哲学者によって導かれているすべての哲学者でない人たちの幸福をも生み出す[28]」とする次なるテーゼもまた導き出される。

そこからさらに第三に、幸福の実現は来世ではなく「この世」と「あの世」の中間に存する「他の都市」においてでなければならないとするもう一つの論点が導き出されてくる。この「他の都市」とは「有徳の都市（virtuous cities）[29]」にほかならないが、それは「完全なる都市（perfect cities）」ではない。しかしそのような都市こそ、まさにそれが不完全なるがゆえに、哲学者の幸福実現を可能にする。それは哲学者が常々曝されている「ソクラテスの運命」を回避する方向性を指し示すからである。しかしまたそのことによって哲学者でない人々、あるいは哲学することに疎遠な俗衆の側にもまた、幸福にあずかる可能性が開けてくる。つまり彼らがソクラテス的「虻[30]」の存在を受け入れることによって、彼らもまた自ら生活している世界の不幸な在り方への頽落を食い止め、それを善き方向へと導くべく覚醒させられるのである。

そして第四に、そこからユダヤとイスラムの思想における「法（律）（Law）」というテーマの重要性が再確認されることになる。そうすることによって、ファーラービーの「実際に存在するのではなくただ「言論のうちに」おいてだけ存在する都市[31]」が、「法（律）」と「立法者」およびそれをめぐる古典的議論の典型とも言えるプラトンの対話篇へと回帰する通路が切り拓かれることになる。

† レトリックと政治哲学

ファーラービーを経由したシュトラウスの古典回帰によって浮かび上がってくるもう一つの重要な論点として、レトリックの再評価が挙げられるであろう。ファーラービーのプラトン解釈上でのもっとも重要な論点は、『国家』篇におけるトラシュマコスに積極的な意義を認める解釈である。「彼（プラトン）はソクラテスの仕方とトラシュマコスの仕方を結びつけた[32]」とファーラービーは解する。それは「政治的エリート」を扱うのに適した哲学の方法と、「俗衆」や「若者」を扱うのに適したトラシュマコスの方法を結びつけるということを意味する。言い換えれば哲学とレトリック（弁論術）を結びつけることを意味する、そうすることによってプラトンは、ソクラテスの運命、すなわち「哲学」の「俗衆との衝突」を回避しようとするのである。そのために「意見の真理との漸次的取り替え」、あるいは真理への漸次的接近の道が取り入れられることになる。「受け入れられている意見」が漸次的に破壊されることによって到達される地平は、哲学者から見れば真理そのものの地平であるが、しかし俗衆の目からすればそれは真理そのものの地平などではない。「二重の真理」について述べた中世イスラムの哲学者アヴェロエスの教説は今日でもなお生きているのである。そうであるとすれば、近代的な哲学と科学による理性‐啓示問題の解決も、とりわけポストモダンの政治哲学再興のためには、再考されるべき課題として残されていることになるであろう。そしてとりわけ哲学者の「秘密の王政」という考えも、完全に葬り去られるわけには行かないのである。

プラトンの『国家』の第一巻に登場するトラシュマコスは、彼自身が「僭主」であったわけではないが、ポリスを破滅へと導く「不正の議論」の化身であり、「僭主的性格」の代弁者である。トラシュマコスあるいは僭主的人間こそ、プラトンばかりか政治的なものを理解するための試金石である。ファーラービーのプラトン理解から分かってくることは、プラトンがトラシュマコスに二つの役割を与えているということである。第一の役割は、第一巻のトラシュマコスが演じているものであり、第二の役割は、第五巻のトラシュマコスが演じているものである。トラシュマコスは二義的である。彼は「自然」と「言論（ロゴス）」あるいは「僭主」と「ポリス」の両方を代表している。つまりトラシュマコスは二義的であると同時に分裂してもいる。『国家』において言論によって自然本来的に正しい社会秩序、つまり自然に合致したポリスを設立するソクラテスは、トラシュマコスのこの二義性を統一する者としての役割を担わされている。[33]

自然と言論あるいはポリスと哲学をその一身に統一せる者としてのソクラテスは、シュトラウスがマイモニデスから得た「自然」と「哲学」の概念を人格的に代表する者でもある。『ゴルギアス』篇のソクラテスは自らの知を「政治術（politikē technē）」[34]と呼んでいるが、シュトラウスを古典古代に導くことになった「自然」概念を代表するマイモニデス的預言者（モーセがそれを代表している）[35]は、ファーラービー経由のトラシュマコス理解を通じて解される哲人王（ソクラテスをモデルとする）と、まさにこの知を所持する者として重なり合ってくるのである。シュトラウスはソクラテス的「政治術」、すなわち哲学の知を「異種混合の知（knowledge of heterogeneity）」[36]と呼んでいるが、それはまた「立法術」の知でもある。マイモニデスの「預言術」が指示していたのは、このような「知」に他ならないのである。

マイモニデス、ファーラービー、プラトンを経由することによって到達されたシュトラウス政治哲学の新たな知の地平を、われわれは近代の政治哲学による「法」概念から「権利」概念への転換による地平とは正反対に、「権利」概念から「法」概念への転換によって達成される地平と言い表わすこともできるであろう。それは「進歩」に対して「回帰」を対置したシュトラウスにとっては、その転換の意味するところをうまく表現するものであると言えるであろうし、またそれにとどまらずポストモダン時代においてもっとも必要とされる思考の転換を、もっとも適切に表現していると言ってもよいであろう。

5　権利から法への回帰の意味について

†新たな政治哲学の権利概念

近代的自然権の自己崩壊という形で顕現した近代政治哲学の危機とそれを引きずるポストモダン的苦境に対して、われわれがシュトラウスとともに提示する第三期政治哲学が近代政治哲学を超えるものであること確認するために、われわれはなおシュトラウスのホッブズ批判にいくらか言及しなければならない。

シュトラウス初期の著作『ホッブズの政治学[37]』において彼が行なおうとしたことは、ホッブズの政治学の主張を正しく理解することであった。彼が行なおうとしたことは新しい政治哲学を提示することでもなければ古典的政治哲学への回帰を主張することでもなかった。シュトラウスは「政治哲学」の探究者としてホッブズの著作に向き合ったのであり、ホッブズの政治哲学の擁護者でもなければ古典的政治哲学の擁護者でもなかったということである。

そこでシュトラウスのこの著作は、近代自然権理論に対する鋭い批判書であることが、まず確認されなければならない。したがってそこでは、われわれがテーマに掲げている「権利から法」という主張はもとより、「法から権利へ」といった主張がシュトラウスによってなされるわけではない。『ホッブズの政治学』の著者シュトラウスは、新たな理論の見取り図をまだ持ち合わせていない、あるいはそれ以上にそういったものを提示しようとする意図さえもっていない思想の歴史家として著作しているのである。

シュトラウスがホッブズの自然権理論に近代的理論としての意義を認めるのは、以下の諸点においてである。第一は、それが「法」あるいは「義務」から「権利」への転換を論じている点[38]、次に、それが主権概念の重要性を認識しているという点[39]、そしてもうひとつ、第三に、人間的自然としての「情念」や「構想力」によって学を組み立てようと努め、それゆえつねに曖昧さを残すことになる「言論（Rede）」を退けている点である[40]。

これらの諸点は、ホッブズの政治学またそれ以後の政治学、つまりは近代政治学と政治哲学にとって根本的問題であるとともに、それぞれが密接に絡まりあってもいるので、ここではこれまでの議論との関連で「暴力死の恐怖」という情念から自然権を導き出してくるホッブズの主張に焦点を絞って考察を加えるだけに留めたい。そこから結論として、そのタイプの議論が自然権の否定に繋がらざるを得ないこと、そして自然権の再興のためには、シュトラウスが試みたように「言論」に自然的な基礎づけを与え、かつ合理性を回復させるような仕方で議論されなければならないことを確認することにしたい。

議論の核心は、情念によって基礎づけられる自然権と理性によって基礎づけられる自然権とではどちらが政治哲学の結論に相応しいかという問題と、そもそも自然権が法的基礎を与えられなくても論じられうるのかという二点に帰着する。後者の問題は、逆に自然権を基礎づける「言論」あるいは「理性」が自然と関わりをもちうるのかという問題でもある。言論や理性が自然的でありうるか否かは、法が「善」と関わりをもつか「必然性」と関わりをもつかということによって決せられる。ホッブズ以後の近代自然権の理論が理性よりも情念とより強い結びつきをもつようになっていったことによって、権利は必然性との関わりをいっそう強め、「法」の概念が本来持つべき「善」との関わりが希薄になっていったことは紛れもない事実である。いまやこの問題こそ真剣に考えられなければならない。

†　権利から法へ

そこで「法」への回帰の問題について考えてみよう。ホッブズ以後の自然権理論を特徴づける「法」ないし「義務」から「権利」へという主張は、結局「理性」から「情念」へという主張と同義であると言いうる。それによって「法」は、「自然」の法則と同じ必然性を持った「情念」と「力」によって与えられるものとなる。つまり「心理学」と「力学」が近代的自然権を基礎づけることになるのである。とはいえホッブズ政治理論の「理性主義との断絶」や「情念」と「意志」への傾斜、そしてまたプラトンとの政治理論の性格の違いを「言論」に求めるシュトラウスの主張には、決定的な視点転換、つまり「政治哲学」への回帰の第一歩が踏み出されていることが読み取れる。

シュトラウスがホッブズ的近代自然権理論に検討を加える中で、次第に古典的合理主義の必要性を意識し始めていたことは確かであろう。シュトラウスは、『ホッブズの政治学』において、法（この場合「法則」という語の方が相応しいかもしれない）がますます必然性の意味で理解される方向に向かっていくことに異議を唱えることの必要性を、強く意識するようになっていったことは疑いえない。というのも「法」がそういった傾向を強めれば強めるだけ「権利」概念がその意味を希薄化させ内実を無化させていくことにならざるをえないからである。回帰が必要となるであろう。このような回帰は当然のことながら「権利から法」への回帰でなければならないであろう。ただしこの場合の「法」はホッブズが理解した「法」と同じではない。そのような「法」の概念をシュトラウスは、マイモニデスを経由することによって再発見した、古典的政治哲学のなかに見出すのである。

シュトラウスによれば理性と啓示すなわち哲学と聖書は和解に至ることはない。しかしそのことを認めつつも、シュトラウスは次の二つの点でアテナイとイェルサレムすなわちギリシア哲学と聖書のあいだに一致点があることを認めている。[41] ひとつは、両者が共通して「近代性」と対立するものであるという点である。いまひとつは、「両者が、道徳の重要性に関して、道徳の内容に関して、そして道徳が究極的には不十分であると見る点で、一致している」[42] とする点である。

第一の点は、「近代性」は自然の理解を断念したところで成功を収めたが、哲学も聖書もともに「自然」を基準としているということを意味している。確かにシュトラウスが指摘するように、聖書には自然に相当する語が見られないかもしれない。(43) これまで見てきたように、マイモニデスの「自然」はわれわれの時代に理解されている「自然」とは異質のものではあるが、むしろギリシアの哲学者たちのそれとは多分に共通性をもつ「自然」であった。第二の点である道徳に関しても、モーセの十戒とギリシアの自然法とのあいだには共通するものがある。つまりわれわれのもっとも基本的な層、すなわち人間性の根底には、確かに共通性が見られるのである。

スピノザのテーマであった「神学‐政治問題」を引き継いでめぐらされたシュトラウスの思考が最後にたどり着いたところは、「古典的合理主義」と呼ばれるものであるが、ここに言われる「古典的」という語は、すでに「古代の」という語が意味するものとよりも「範型的」という語が意味するものとより密接に関わりをもっている。マイモニデスの「法」は、政治哲学の第三期を画するシュトラウスの政治哲学にとって、このような「範型」を与えることに寄与したのである。われわれはいまその範型を手懸りとして、あらためて権利から法への回帰を考えてみなければならない地点に立っているのである。

第九章　ポストモダンの人間論と一般教養教育

1　哲学と「人間とは何であるか」という問い

†「人間とは何であるか」という問い

「人間論」の究極の課題は、「人間とは何であるか」という問いに答えることである。しかしこの問いに答えることは容易ではない。それに答えようと努力するうちに、この問いには、敬虔とは何か、徳とは何か、勇気とは何か、正義とは何か、美とは何か、友愛とは何か、知識とは何か、国家とは何か、統治とは何かなどというような様々な問いが関わっていることが分かってくる。この「……とは何であるか」という問いは、ソクラテス以来、哲学的な探究には不可欠な問い、いやそれどころかまさにそれこそが哲学的な問いそのものであった。この問いはそれがまさに事柄の本性を問う問いであるとともに全体に関わる問いであるがゆえに、それに答えることは容易ではなかったのである。「人間とは何であるか」という問いは、人間論が問いかけるもののうちでももっとも中心的な問いであり、それゆえそれに答えることがもっとも困難な問いである。というのも、それは人間の本質に関わる問いであり、他一切の哲学的な問いかけがそのために発せられるような究極的な問いだからである。古代ギリシアの人々のあいだにあって「汝自身を知れ」というデルフォイの神殿に掲げられていた言葉が、もっとも重要かつ困難な命題であったように、われわれにとってもこの「人間とは何であるか」という問いに答えることは、重要であるにも拘わらず、容易ならざる事柄なのである。

ところでこうした問いに答える際、根本的に相異なる二つの立場が存するように思われる。それらはともにソクラテスがソフィストたちと対決した紀元前五世紀の論争の中で闡明《せんめい》になってきた立場である。ソクラテス的な立場は、彼が対決したソフィストたちの立場とは決定的に異なるものであった。このソクラテスの立場こそ、言葉の厳密な意味での「哲学」を代表している。これに対しソフィストたちの立場は哲学的な知としばしば混同され、それゆえそれは哲学知に忍び込む影のような部分であると言われた。

†　ソクラテス対カリクレス

プラトンの著作『ゴルギアス』の中で行なわれているソクラテスとカリクレスのやり取りは、これらの相対立する二つの陣営が真っ向からぶつかりあう論争という性格を持つものであった。ソクラテスとカリクレスによって代表される両陣営の対立は、フィロソフィアの知とソフィストの知の対立ということができる。それらは一見相似通っているかに見えながら、しかしその実両者はもっとも深いところから相互に対立しあうものであった。

両者の立場の違いは次の点に存している。カリクレスは「快」と「善」とを同一視するのに対し、ソクラテスは善と快とはまったく異なったものとする立場に立っている。自分自身の欲望を大きくなるままに放置し、勇気と思慮をもってそれらの欲望充足を図ることのうちに人間的生の意味を見出すカリクレス。それとは反対に、自分自身の欲望にうち克ちそれに伴う快楽を支配することのうちに人間的卓越性（徳）を見るソクラテス。両者の立場は正反対なのである。

カリクレスはソクラテスに対して「贅沢と、放埓と、自由とが、背後の力さえしっかりしておれば、それこそが人間の徳（卓越性）であり、また幸福なのだ(1)」と述べ、ソクラテスの言うような「徳」は「うわべを飾るだけの綺麗事であり、自然に反した人間の約束事である」と述べそれを否定する。カリクレスからすれば、節制と克己の人生は石や屍の在り方と同じであって、それが善き生であるなら石や屍が幸福だということになると言う。

そこからカリクレスはソクラテスに対して、哲学などというものからいい加減に足を洗うようにと勧めている。このことから善と快を同一視する立場は、哲学とは相容れない立場であることが分かる。カリクレスは哲学などといったものは若い頃程々になされるべきものであって、人が生涯をかけてやる仕事ではないと言う。彼は哲学の代わりに都市の中心であるアゴラ（市場）に出て思う存分発言する（政治に携わる）ことを推奨する。[2] そして哲学では己の生命すら守ることができないと言う。哲学者が法廷に引っ張られて死刑を求刑されたとしても、哲学者は言うべき言葉も知らず、死刑にされてしまうであろう。そうだとすれば、そんなものは知恵の名に値しないとさえ言う。[3]

このような哲学否定に対するソクラテスの答えは、正義と節制の徳の哲学的探究の必然生は、宇宙（コスモス）の法が命じているところだというものである。ソクラテスは次のように述べている。「しかしカリクレス、賢者たちはこう言っているのだ。天も地も、神々も人々も、これらを一つに結びつけているのは、共同でありまた友愛や秩序正しさであり、節制や正義であると。だからそういう理由で彼らは、この宇宙の総体をコスモスと呼んでいるわけだ[4]」。そこには、コスモスのうちに神的なものを見、これとの対比の中で人間の有限性を観取する、あるいは「人為」に対して「自然」の根源性を主張する、古典的哲学の人間的生に関わる知恵が表明されているのである。

ソクラテスに始まるこの哲学の伝統は、多くの偉大な哲学者たちに受け継がれ、それ以来、哲学の推賞する徳と正義の生は少なからず人々に敬意をもって受け止められてきたようである。しかし今日、われわれの生活世界を支配している原理が、かつて哲学によって否定されたあのカリクレスやトラシュマコスらの主張した原理と同じになっていることに気づかなければならない。われわれはいつの間にか古代の哲学否定の立場と同じ原理に従って生を送っているのである。ここではこのような変化が何を契機として生じ、どのような結果をもたらしつつあるのかということについて、語る暇はない。

以下ではこのような変化をもっとも端的に映し出すひとつの事例を示すことによって、この変化が何を意味するのか、そしてそれに対していかに対処すべきかについて少しばかり触れることにしたい。

2 一般教養教育と徳

† リベラルとは何か

これから取り上げるのは、「一般教養教育（Liberal Education）」についてである。リベラル・エデュケーションという言葉に含まれている「リベラル」という語は、それが単独で用いられる場合は、もっぱら「自由主義的」という内容の事柄を意味している。それは同時に進歩的であることを意味し、「保守的（conservative）」という語がその反対語であると考えられている。しかしリベラル・エデュケーションという場合の「リベラル」は、従来からそういった意味を持っていなかったし、今日でもそうした意味に解される場合もないわけではないが、それは「自由主義的教育」という意味に解されるよりもむしろ、一般的には、「教養教育」という意味を持つと考えられている。それゆえリベラル・エデュケーションという場合のリベラルは、依然としてその語の前近代的意味、その語の本来的意味を持っていると言いうるのである。それは「気前の良さ」や「偏見のなさ」というような一種の徳を意味しているのである。

そのような意味からすれば、リベラルな人とは有徳的な人のことである。それゆえリベラルであるとは、先に示したところによれば、カリクレスの立場よりも、むしろ徳と正義の生き方を推奨したソクラテスの立場と相通じるものがあると言わねばならないのである。この点でこの語の近代的な用法においては、この語は本来の意味とは正反対のものに転じていると言わなければならない。今日リベラルという語が、有徳的であることを意味するのではなく、進歩的、民主主義的、自由主義的であることを意味するようになっているというところに、この語の意味の転換がはっきりと示されているのである。この言葉がこのように意味を転じていったことと対応する形で、本来のリベラル・エデュケーションたる一般教養教育は、今では見る影もない形にまで身を貶めてしまっている。

†リベラルであることが忘れ去られて

今日、各大学における一般教養のカリキュラム改編とそれに伴う教養部廃止の動きの中に、このような風潮が現実の波として押し寄せてきているのが認められる。大学が諸科学研究と専門的技術教育に主眼をおくようになるにしたがって、一方では、かつての大学の教養部を構成していた人文学的諸分野が単なる大学のアクセサリー的存在に転じてしまい、他方では、本来ロゴスと関わりを持っていた語学的分野もまた一種の専門的技能として単なる言語修得の機関へと転じてしまう。こうして各大学の教養教育はその本来の姿から大きく隔たったものに転じていくのであって、今日見られる各大学の教養教育の衰退は、そのことの現われでしかないと言うこともできる。教養部の廃止によって、これまで形式的にせよ名残を留めていた一般教養教育は、名実ともにその姿を消すことになる。

そしてこの一連の流れの最終段階に至って、今日の自由主義的民主主義（リベラル・デモクラシー）の中で、リベラルという語の意味が跡形もなく姿を消しているのを確認するのである。このことから今日のリベラリズムは、一般教養教育とよりも、むしろその対極にある非教養教育（illiberal education）とよりいっそう緊密に結びついていること、そして人間を陶冶し徳を形成する教育とは無縁なものになっていることが確認されるのである。

われわれはそろそろ、近代が追い求めた啓蒙と人間解放が、それが開始された時点から、ボタンを掛け違えていたことに気付かなければならないように思われる。そのことは次のように言い換えてもよい。すなわち近代の人間たちは、人間の解放を洞窟から太陽の光のもとへの脱出と心得ながら、どうやら太陽を人工の光と取り違えてしまったようなのである。近代人はこうして科学と哲学とを取り違え、科学こそ哲学の権威でさえあると主張するようになった。その結果人々は永遠の秩序としての宇宙の自然を見ることをやめ、自然を自らが支配し作り変える対象としてしか見なくなった。今なされなければならないことは、この掛け違えられたボタンを元に戻すことであろう。しかしこの作業は困難を伴う。それは世界の見方を根本から改変することへと突き進まざるを得ないからである。この改変は、哲学をその本来の姿であった「知を愛すること」として復権させることになるだろう。ここで言われている一般教養教育は、この改変に携わろうとするものなのである。

†―「文化」と「教養」

一般教養教育とは、本来『文化』に向けての教育を意味する。しかしここでいう「文化」とは単なる生活様式や芸術様式のことを意味するのではない。様々な「文化」という表現の中で言われているような文化が在ること、たとえば絵画や建築などの文化、子どもの文化、未開人の文化がしばしば口にされることがあるし、スポーツの文化、食の文化、性の文化が語られ、果ては排泄の様式とトイレや便器までもが文化に数え上げられる。そして古い時代の遺跡から発掘されたトイレの跡は文化財だと言われて保存の対象となる。もちろん性や排便の仕方が「文化」から除外される謂われがないことも確かだが、ここで確認しておかなければならないことは、「文化」がそういった様々な文化という意味でのみ理解されるとき、「文化」の本来の意味が完全に歪曲されてしまうということに注意しなければならないということである。つまり「文化」には、ただ人間の振る舞いのパターンの意味だけではなく、それとは別の本来的な意味での「文化」があることを忘れてはならないということである。

文化に様々なものが在ることに異存はないが、文化によって趣味やスポーツや商業取引だけが理解される風潮には異議を申し立てなければならない。そのような風潮に違和感を覚えそれを考え抜くうちに、われわれが言おうとしているような「文化」の概念が浮かび上がってくる。ここで言おうとする文化とは、人間の魂の陶冶を意味するような文化である。元々耕すことを意味したCULTURAの語は、やがて土地を耕すことからわれわれの魂を耕すこと、すなわち精神の陶冶を意味するようになった。それは本来「精神の本性に応じた仕方で精神の世話をなし、精神に生まれつき備わった能力を改善すること(5)」を意味するのである。今「文化」という語のこの本来の意味が想起されねばならない。

かくして人間の魂を「文化」させ陶冶させることを目指す一般教養教育とは、徳に向けての、すなわち人間的卓越性へ向けての教育ということになる。それは人をして人間の偉大さを思い起こさせ、そこに向けての努力を促す教育である。

われわれは様々な行為を行なうが、その際その行為が何を目指して行なわれるかは重要なことである。人をしてそれを目指して行為させるところのものが醜悪なものであることはありえない。われわれは常に善いことを目指すのである。たとえ善くないようなことをしでかしたとしても、目指していたところのものが善きものであったことによって救われるし、また醜悪なことを為す場合にも、それが善いことを実現するための手段であると解することによってわれわれは納得するのである。こうしたことからも明らかなように、行為を行なう際、われわれは常に善を目指しているということができる。この人間の行為の導きをなすところの善についての包括的な知識を弁えることこそ徳にほかならず、こうした知識を弁えた人を有徳者と呼び、そのような人を偉大な人物であると考えるのである。

3　一般教養教育と対話的弁証法

†　教養教育と対話

それでは人々を徳へと向かわせ、人間の偉大さに思い起こさせる一般教養教育とはいったいどのような仕方で行なわれるのか。

一般教養教育は、第一に、そのような卓越した人物との直接的な言論による交わりによってか、あるいは偉大な精神の持ち主たちの対話に耳を傾けることによって、われわれに人間の偉大さを取り戻させる教育であるといえよう。しかしそのような偉大な精神の持ち主たちが常に存在しているとは考えられない。もしそのような人がわれわれの同時代人にいたとすれば、それは好運なことではあるが、それを判定することはきわめて困難なことであるから、偉大な精神の持ち主との直接的な交わりは好運が伴わない限り望み薄である。しかし過去の偉大な精神と対話しそこから学ぼうとしている同時代人と交わることは可能であるし、とりわけまた過去の偉大な精神によって残された書物を通じてなら、そのような精神と交わることができるであろう。

そこで第二に、一般教養教育は、偉大な精神の持ち主たちによって書き残された書物の研究を通じた教育であるということになろう。それは言葉と文字を通じた教育である。しかしそれは、内にこってモノローグ形式で語る独白調の教育とも、マイクと拡声器によって不特定の大衆に対して言論のシャワーを浴びせかけるような大衆教育とも異なる。それはそのような偉大な精神に触れようとしていて、一方は少しばかり多くの経験を積んだ人と他方はそれほど経験を積んでいない生徒たちが、助け合いながらそのような精神によって書き残された書物を読み解くという形で行なわれる。人間の徳、人間の偉大さは、ただ偉大な精神によってのみ開示されるのであって、一般教養教育はこの過去の偉大な精神によって書き著された真理を読み解く過程で行なわれる。この解読の過程で交わされる言論を通じた過去の偉大な魂との交流を通じて、人間にとってもっとも必要とされるとともに肝要なる知識、すなわち何が善であり何が悪であるかについての知識を獲得しようとするものである。

しかし過去の偉大なる精神によって書き残された書物が、常に必ず文字の上にその思想家の精神を表現しているとは限らない。なぜなら真の思想は社会がそれに立脚している意見と敵対するものだからである。真の思想が社会を混乱に陥れるものである限り、それに対して迫害が加えられることは必定である。そうであるとすれば思想家は自らの思想をストレートに表明することはできない。少なくとも歴史上、真の意味で思想の自由が保証された時代などなく、真理が社会によって否定されるものであるということが揺るがぬ事実であるとすれば、あらゆる真理は社会と俗衆の目につかないところに書き留められざるを得ない。つまり真なる教説は、注意深い読者にしか理解されない仕方で表明されることになる。それゆえ第三に、一般教養教育の古典の読解は、通常の歴史的研究とは異なり、著述家が述べた事柄の注意深い読解を通して行なわれる、時間を超えた真理に迫る独特の歴史的研究であることになる。

†　ニヒリズムに対する処方箋として

このような過去の偉大な精神との対話を通じた人間にとってもっとも大切な知を獲得しようとする教育に対しては、おそらく次のような反対論が提出されるであろう。すなわちそれは非科学的であり、そのような過去の超えられてしまった知や、善悪の問題のごとき価値を論じるような知にかかずらおうとすることは、客観的真理の探究を目指す科学とは相容れないであろう。そしてそのような学が人間の諸問題の解決にとって無力であり、人々を無知蒙昧の状態に押しとどめ彼らに悲惨な生活を強いてきたことは、近代科学とそれをモデルとした政治学や経済学が登場してきた時代に、すでに証明済みである、と。

このような反対論に対しては、宇宙が神秘に満ちたものであることを率直に認め、宇宙が何であるかという問いの前で佇んでいる哲学者の知が、宇宙が如何にあるかという説明の延長線上に宇宙の神秘を解き明かすことができると信じている科学者の知に決して引けをとるものでないどころか、そのような知を凌駕するものであることを強調しておきたい。

このことは、哲学と科学という相対立する二つの立場から導き出される人間論を比較してみれば、容易に理解されることになろう。なぜなら総体的な知であることによって初めて答えられうるような問題は、科学の対象ではなく、哲学の対象だからである。根本的な問いに答えようとする努力を抜きにしては、人間は決して理解されるものではないのであって、人間の問題に関して言えば、ソクラテスが哲学知を無知の自覚であるがゆえに他のいかなる知よりも優ると考えたことは、今でもなお真理だからである。

なおこのような教育によって得られる知識が、科学と大衆文化が支配している現代において如何なる意義を持つかに関して一言付け加えておくなら、それのみが「精神や見識を持たぬ専門家か信条なき享楽家」(6)かのいずれかしか生み出さない現代の知的文化の腐食傾向に対する人類の最後の抵抗線であるということである。そしてポストモダン人がもしニヒリズムと蒙昧主義に突き進むという愚を犯さぬよう心がけているとすれば、それは唯一の休息場所を提供することになるであろう。

4　ポストモダンと倫理の再生

†人間の自然的秩序と共同性

近代的な科学の思考パラダイムに対して倫理的な思考パラダイムを対置し、それに基づいて学問的な知の枠組みを組み換えることが、ポストモダンの時代の学問的知識に要求されている。これが本書で主張しようとすることの核心である。このような主張はおそらく、近代啓蒙によって切り拓かれてきた人間的生の枠組みの全体に一大転換を迫るものとなるであろう。人間の共同的な生の問題に関して言えば、それはこれまで「社会」という語によって理解されてきたものとは質を異にする人間的な結びつきを示唆するものとなるであろう。そしてそれは本来的な人間性を取り戻し、人間性の全面的開花を可能とするような善き生のヴィジョンをわれわれに提示するであろう。そのようなヴィジョンは、まだ近代性の原理によって汚染されていない人間的共同についての思考に立ち戻ることによって開示されるはずである。ここではそれを、近代性というレンズを通してではなくわれわれの肉眼で人間存在を見る視点から、つまり古典古代の思想家たちの思考を回復させることによって、ありのままの人間的な生と共同のヴィジョンを素描することにしたい。

この古典古代の思想家たちの視点は古典的自然権理論の視点と呼んでよいが、その理論の前提には、善は快よりもいっそう根本的であり、人間的生は必然的に快を得ることよりも善く生きることであるとする考えがあった。それにはまた人間の善き生とは、理性と知性を育むとともに、理性の現存在としての言葉を介した諸個人間の意思疎通によって営まれる生であるとする考えも前提されていた。あるいはまたそれには、善き生は人間存在の自然的秩序に基づいた生でなければならないとする考えも前提されていた。

古典的自然権理論に見られたこのような人間存在の自然的秩序という考えは、科学の目によってではなく、これまで触れてきた倫理的パラダイムによってはじめて見えてくる。というのも人間存在の自然的秩序は、人間とそれを取り巻く世界を構成する諸部分の自然本姓を見るだけでは把握されえず、その総体を見ることによらなければならないからである。近代科学を成功に導いた合理性は、人間存在にせよ自然的存在にせよ、それらを自然的秩序から切り離し、主観－客観の対立的構図の中で、しかも自然の全体から遊離したその一部分として人間や自然を認識するというような仕方でそれを行なってきた。しかしそれは知を切り縮めてきたにすぎなかった。この構図自体を解体することなしには、人間存在の自然的秩序は見えてこない。

†　人間の完成と閉じた社会

人間存在の自然的秩序に基づいた生は、人間的自然を完成させるという観点から初めて見えてくる。そのような生は健全な魂に基づく生、人間的卓越性の生、有徳の生というふうに言い表わすこともできる。そしてそのような善き生が実現されるのは、他の人間との善き交わりを通してである。人間の社会性はすでに人間的自然という概念の中に含まれている。人間的自然をこのように理解することによって、人間の自然的社会性という観念、すなわち人間が社会的存在であるということが自然的であるという観念が導き出される。そこから人間が人間的自然（本性）に従って生きることと社会的に生きることとは矛盾するどころか、逆に人間は共同体において初めてその自然の完成態に達しうるという考えが導かれる。倫理的パラダイムはこうして、社会的存在としての人間の自然的性格を明らかにするものとなる。

ところで倫理的パラダイムが提示する善き生とその現実態としての共同体は、閉じた小規模な社会を単位とするものでなければならないであろう。このことは社会的な生が自然的であることから要請されてくる。つまり直接的に交わされる言葉の制約から、さらに人間が完成態に達しうる社会は成員相互の信頼関係が保たれているような社会でなければならない、という事実から導き出されてくる。したがってわれわれの人間論は、人間の直接知の能力に対応するものとならざるをえない。それゆえそれは間接的な情報すなわちマスメディアのような媒体によって得られた知識よりも自分自身の所見に基づいた知識によって自らの方位を見定めることによって可能となる共同性を提示する。

こうして提示される共同性は、また成員間の相互的な信頼関係が成り立つために前提される人間の完成の必要から、それが再生産されるのに要する時間のことをも考慮に入れたものでなければならなくなる。そこから善き生のために幾世代にもわたって人間がその完成に向けて努力することが可能となるような共同性という考えが導かれてくる。したがってわれわれの人間論が描く共同性は、グローバリゼーションやマスメディア支配やネット社会という概念に支配されることのない、あるいはそういったものに対して超然とした性格のものとして描き出されることになるはずである。つまりそのような共同性は、ひとつの世界言語や世界国家のような画一的制度による普遍性ではなく、理性や正義の原理に見られる普遍性によって、譬えて言えば自然法が普遍的であると言われ、等価交換が普遍的であると言われるような意味での普遍性に基づいて形成されるものでなければならないのである。

†徳と異種混合的な知

次に人間存在の自然的秩序から、社会は無政府的であるのではなく、正当な支配あるいは統治がなされるべきこと、そして人間もまたその完成に至るためには自らの下位的な欲求や衝動を抑え込まなければならないという考えが導かれる。つまり共同体と個人がともに健全であるためには、節度や節制、支配や統治が必要であるとする考えが導き出される。

正義とはある精神的世界が善くあるために必要とされるある種の力であって、その原理には必然的に正当な支配という考えが含まれている。さらに人間がその完成に達するものであるとすれば、彼らはいつまでも共同体の受動的な構成員であるわけには行かない。構成員は設立者や政治家や立法者としての役割を担わなければならないのである。彼らは個人の完成を配慮する以上に共同体の完成に思いを致す、つまり公共的なものに配慮する能動的構成員でなければならない。それゆえ彼らには古典的理論が倫理的卓越性という意味で用いた「徳」が必要とされるのである。

このような意味での「徳」は、「同質的な知」と対比される「異種混合的な知」の合理性と関わりを持つ。この合理性こそ、倫理的パラダイムによる人間論を基礎付けるものであり、それはとりわけ平等に関して、近代的なそれとは異なる見方を提示する。その原理は「機会の均等」すなわち「すべての者がその能力に応じて与え、その功績に応じて与えられる」というものとなるであろう。それは一般に考えられている算術的平等とは区別され、古典的哲学者たちによって幾何学的平等や比例的平等の名で呼ばれていたものに根拠を持つものである。

† コスモスの復権と最善の体制

倫理的パラダイムに基づく人間論がその最終結論として提出するものは、最善の体制のための理論である。古典的理論において哲学者あるいは優秀者による支配の体制であった最善の体制は、この人間論においては専制的な支配とではなく民主制的な支配体制と結ばれた卓越した知者たちによる支配体制であることになるだろう。自分自身のためにではなく他人のために支配することを引き受けざるをえない賢者による支配以上に望ましい支配はない。しかし卓越した知者がいつでも見つかるとは限らない。したがってそれを基準として、支配に当たるべく任ぜられた者が統治することのできる共同的な生の「理想的な範型」を言論によって築き上げておくことが必要となる。「最善の体制」は、われわれがわれわれ自身のうちに描き上げる「理想的な範型」として、その存在を得ることになる。

ところで人間は地球上にいずれかの場所で生を享ける。つまり故郷を持っている。しかし彼が理性的存在である限りにおいて、彼は同時にコスモスとしての世界国家の住人でなければならない。人間が人間である限りにおいて、哲学の原理がギリシア的ポリスを超えて世界にまで拡がって妥当するものであったのと同じように、彼は世界市民でなければならない。ちょうど、ソクラテスの死後プラトンがその『法律』篇において、ソクラテスをどのポリスにも属さず都市から都市へと渡り歩いたソフィストと同じポリスの客人と描いているように、人間論の主人公は、「閉じた社会」から普遍的なポリスとしての「世界国家」へと歩み出なければならないのである。

†目的としての幸福

啓蒙によって力を与えられた近代人は、およそ考えうる限りでのあらゆるものを考案し創造してきた。彼らの手にした力たるや凄まじいものであって、創造者としての神の力に迫るものであった。神を凌ぐことも日程に上っているのかもしれない。しかし近代人の行く手には光ではなく闇が待ち受けている。それはすべてを見通しているはずの神的存在者にはありえないことであろう。古のギリシアの人たちは「幸福」を「神々とうまくやっていくこと（eudaimonia）」という語によって言い表わした。神に勝らんばかりの「力」を手にした人間も、神々とうまくやっているようには見えない。それどころか近代人は神を殺しさえしたのである。どう見ても関係修復は容易ではないであろう。しかし善き生について語るにはこの問題をもう一度真剣に考えてみる必要がある。神の域にまで近づいた人間の制作的行為について、改めて問い直さなければならないのである。「倫理」を思考のキーワードにするという主張には、この問い直しが必要であるとする主張も含意されている。

哲学が成立した地平は、そこにおいて対話が成立する地平であると同時に、人々をしてその対話へと引き入れる地平、人々をロゴス愛好者へと育て上げる地平でもあった。われわれの人間論の議論は、そうした議論にわれわれ自身が参入すると同時に、その議論の輪に人々を導き入れることによって可能になる。そしてその議論を通じて理解されることになる人間的なものについての基本的諸問題を理解することによってはじめて、人間論の各論の展開もまた可能になる。

5 節度の徳と人間論

†「知は力」の命題からの諸帰結

われわれが二十一世紀から二十世紀を振り返ろうとするとき、寓意的に花見が終わった後の公園を思い浮かべてみると、案外うまく置かれている状況を把握したことになるのかもしれない。散らかされた残飯や丸めて捨てられた紙類、ビニール袋や発泡スチロールの容器、ペットボトルに空き缶・空き瓶がところかまわず散らかされている。前世紀まで科学技術文明によって傷つけられてきたわれわれの地球は、喧騒の後によく目にされる光景とどこか似通っている。散らかされ傷ついているのは自然の世界ばかりではない。宴の後なす術を知らず立ちすくんでいる人間たちもくたびれ傷ついている。

これがポストモダンの戸口に立つ人間たちの世界の情景である。それはどこかの洞窟のスクリーンに映し出されている映像と似ている。宴の夜の白々しい明るさは、人工の光によっていた。それは太陽ではなかった。そして舞台に登場してくる役者たちは、スポットライトを浴びてはいるが、舞台の袖にはその光も届かない。次第に闇に呑まれていく舞台の袖は、純然たる闇への通路なのかもしれない。いったい啓蒙は蒙昧化（反啓蒙）への通路だったのだろうか。

光に喩えられているのは、ここ数世紀にわたってわれわれを導いてきた科学である。科学は人間の知を力に変えることに成功した。しかし力は力学によって解明されるべきものであって倫理の学が関わりを持つ対象ではない。倫理学は物体と精神を分かつ二元論的な世界の見方によってかろうじて命脈を保ってきたが、その中身は次第に変質させられていった。この倫理の変質がわれわれにとっての躓きの石でもあった。かつて視覚的世界の太陽にたとえられ、認識の根拠であるとともに認識対象でもあるとされた「善のイデア」が地上に引き摺り下ろされたことによって、それによって捉えられていた世界の像がまったく別ものとなったのである。今われわれは、そのとき失われた太陽に比される真の光をどうやって蘇らせるかについて真剣に考えなければならないのである。

マキアヴェッリやダ・ヴィンチらによって切り開かれ、ガリレオやデカルトやホッブズ、さらにはカント以後の歴史の哲学においてその頂点に達した人間思考の大波が砕け散って、これまで「科学」「歴史」「実存」の三つの語によって語られてきた知の枠組みが新たな知の枠組みへと再構築されなければならなくなっている。「科学」「歴史」「実存」の三つの概念に通底する基本的概念は「力」であるが、この「力」の代替語である「力学」「富」「意志」は、人間の行為や知識、政治や社会のあり方を規定する概念へと読み替えられ、そうすることによって新たな人間知の枠組みへと再構築されなければならない。

近代のプロジェクトが始まったとき、われわれを取り巻く世界は独特の意味を付与された「自然的世界」であったが、その終局においてそれはことごとく「人間的なもの」へと変えられてしまっている。このような自然の人間的なものへの変換は、人間の「内なるもの」の外に向けての「外化（Entäußerung）」によって推し進められたが、近代性にはそれに伴われるべき「内化（Erinnerung）」の契機が欠けていたようである。「外化」の先にあるものを考慮に入れられなかった近代性は、「内化」を中心概念として思考を展開するには至らなかった。しかし「外化」の行き着く先を見届けたポストモダン人は、「内化」の重要性を再認識しなければならない。

†　倫理的パラダイムの再生

「倫理的パラダイム」と言うとき、「倫理」という語に含まれるこの「内化」とそれの類義語である「内省」や「反省」といった要素に目を向けることが重要である。「倫理」の語に含意されている「内省」や「反省」、さらにはそれらがもたらす精神の「落ち着き」を取り戻すことが、ポストモダン人にはとりわけ必要とされる。「倫理」という語に大きな意味を持たせようというとき、近代人に疎んじられてきたこのような過去に対する独特の姿勢の転換が同時に表明されているのであるが、それによって過去を「回想」し過去の「想起」を通して行なわれる精神の「落ち着き」の取戻しによるポストモダン的苦境の乗り越えが含意されている。「進歩」は「回帰」へと転じられなければならないのである。

「倫理」は、ソクラテスが彼以前の「自然について」探究した人々と袂を分かち、自らの知の対象を人間的なものへと向け変えたとき、ひとつの学問の領域として成立したと考えられている。近代性もまた自然的なものを人間的なものに変えようとする試みであったと解するなら、近代性のプロジェクトはソクラテス的転回に通じるものと解されることになる。しかしこのことに惑わされてはならない。それゆえ倫理的パラダイムを口にするとき、ソクラテス的哲学の意義、つまりそれが「倫理」と同時に「人間的自然」のいっそう高次の理解を含んでいたことをもう一度理解しなおす必要がある。つまり近代的自然理解とソクラテス的自然理解の違いに目を向けなくてはならないのである。両者の間には大きく異なる点が二つある。

ひとつは、近代のプロジェクトでは自然から人間的なものへの変換が重視されたにもかかわらず、「倫理」が中心的位置を占めることはなかった。たしかに近代の著作家にもスピノザのように「倫理学」を著作の書名に採用した人もいたが、それはアリストテレス的なそれではなかった。古典的な倫理と近代的な倫理の違いを考えるとき、それを基礎付ける自然の捉え方が決定的に異なるのである。その違いは宇宙論の差に基づく。

もうひとつは、古典的な思考には自然支配の考えは認められないという点である。近代的な思考では、自然は人為によって束縛され制御されるべきものであるのに、古典的な思考では、自然は人為が従うべき規範でさえあった。反対に近代の思考にあっては、自然はわれわれの意志に従って整序されるのである。自然理解の違いから、自然に対する問いも異なったものとなる。それゆえ近代性にあっては自然が何であるかを問う必要はなくなり、自然がいかに在るかが問われさえすればよかったのである。

しかし両者の差異に目を向けることによって、近代的思考の欠落点とそれを超え行くための突破口がどこにあるかが明らかになる。近代的思考は自然にせよ人間にせよそれらが何であるかを問わなくなった、つまり哲学的な問いを後景に退けることをその特徴としていた。哲学的な問いは推論の首尾一貫性や厳密性に置き換えられたが、それは知を道具化することを意味した。科学へと読み替えられた哲学はそれによって成功を収めた。要するに知の道具的知への転換こそ近代的思考成功の秘訣だったのである。問題はこの点に存する。われわれは「力」となる「知」を手にし、敵対的であった自然を操作できるものに作り変え、自然を手なずけ支配下に置くことに成功したが、それと引き換えに、何のためにという生への問いを封印することになったのである。

倫理的パラダイムに基づく人間論の試みは、この哲学的問いの復権を提案する。「何であるか」を問う哲学的問いは、事物の「自然」を問うことを意味するが、それゆえにわれわれの人間論は、いまでは理解不可能となった「自然的正」の概念の復権をも含意している。「自然的正」の概念は、元来人間の自然に出所を持ち、あるべき共同体の法や秩序を基礎づけ、それぞれの共同体の体質を作りあげるとともにそれを性格づけ、その成員の生と行為を方向づけるものであったが、その復権を試みるわれわれの人間論は、人々を快楽追求と相互依存によって結びつけるだけの単なる共同を本来の人間的共同へと転換し、人々に人間的生を回復させるための理論的拠点を与えることになるであろう。

† ある哲学的対話の話題に基づいた結語

これまでの議論から明らかなように、ニーチェ的「末人」の生を余儀なくされているポストモダン人は、啓蒙と科学の思考枠組み超えていかなければならない。倫理的パラダイムからの人間論という主張には、近代合理性からの決別が含意されている。それは近代合理性が古典的合理性を克服して登場してきたという歴史的理解に対しても疑問を投げかける。われわれは近代合理性の呪縛からの解放を要求しなければならないのである。その解放の役割を担うのは、古典的作品との対話の再生を通して行なわれる一般教養教育である。一般教養教育は、何よりも倫理的パラダイムの原型でもある古典的合理主義の核心を、近代合理主義の偏見を通してではなく、テクストそのものとの直接的対話を通して取り出してくる。それは何よりもテクストの著者が自らそれを理解していたようなテクスト理解によって成し遂げられるのである。

さて本書の議論もそろそろ終えるべきところに差しかかったようであるが、今しばらく科学的パラダイムの議論とは異なる仕方で、これまで論じてきた一般教養教育に基づく思考のモデルとなるものについて考えておきたい。ところで一般教養教育を基礎づけるための以下の議論は、「人間論」の学的な思考の基礎を与えるものであるがゆえに、われわれの「人間論」への結語としての意味を同時に持つことになる。

プラトンの作品『パイドロス』の一節に目を留めることにしよう。この対話篇の最初から何節かにわたって、ソクラテスとパイドロスが二人して互いに話を交わしながら自分たちが対話を行なう場所を探して歩いている場面が描かれている。彼らはパイドロスが暗誦するまで読み込んでいる当代きっての著述家リュシアスの「恋（エロース）について」という作品を、ソクラテスに読み聞かせる場所を探しているのである。川に沿って歩きながら交わされている彼らの会話において、彼らが目指している場所が昔の神話的物語に語られている場所の近くではないかということが語られている。

パイドロスはソクラテスに「ちょっとお尋ねしますけれど、ボレアス（北風の神）がオレイテュイアをさらっていったという言い伝えがありますが、あれはイリソス川のどこかこのあたりで起こったことではないでしょうか(7)」と問いかける。それに続けて彼は、このような物語を事実だと信じるかと、ソクラテスに質問する。ソクラテスは「賢い人たちがしているように、そんな伝説は信じない」と言えば、もっともその当時の知識人にふさわしい答えになるだろうと応えて、それら知識人たちを真似て神話の解釈を試みている。

当時流行の神話の合理的解釈によれば、この神話は「オレイテュイアがパルマケイアといっしょに遊んでいたときボレアスという名の風が吹いて、彼女を近くの岩から突き落とした。彼女はこのようにして死んだのである(8)」ということになる。ソクラテスがいともたやすく流行の解釈をわが物として自分の言葉で述べていることにも注意しなければならないが、それと同時にこのような解釈が、まさにソクラテス的「哲学」と対照的なものとして語られていることに注意を向けなければならない。ソクラテスは神話の合理的つまり啓蒙的解釈は、才長けて労を厭わぬ人が、手間ひまかけてやらなければできないことだという。そして自分には、そのようなことを行なう時間と労力の余裕がないと述べ、自らは「汝自身を知れ（gnōthi sauton）[9]」というデルポイの神殿に掲げられた問いの探究に向かうのだと言う。自己知の探究に携わる者には、そのような神話の探究に携わる時間はないのだと言うのである。しかもソクラテスは、そういった研究に携わろうとする者は神話に登場する架空の動物や怪物たちをもっともらしく説明しなくてはならなくなって大変なことになると述べ、そのような説明がもっとも肝要な学問的探究とはなり得ないことを示唆している。

　この議論でソクラテスが今日の学術用語で言う「神話学」や「文献学」と自らの「自己知」の探究としての「哲学」とを区別していることは明らかである。前者は無限に多様な対象を取り扱うとともに、またそのことによって時間的に制約されるのに、後者は人間にとってもっとも肝要な問題を探究することであると解されているのである。しかしより注意を向けなければならないのは、神話の説明と自己知の探究に、つまり人間によってなされるべきことがらに優先順位が設けられていることである。

　ソクラテスはしかも、自ら探究すべき対象である人間を、逆に「テュポン（Typhon）」という複雑怪奇で傲慢狂暴な怪物に譬えている。人間を「台風（Typhoon）」の語源とも言われる怪物に譬えることは[10]、「脱魔術化」つまり啓蒙に逆行する。しかしこのことは、古典的合理性がいっそう高次のものであること示してもいる。『パイドロス』のこの議論は、われわれの「倫理的パラダイム」による人間論の輪郭を与えていると言ってもよいのである。われわれの人間論でも、そこでの議論と同じように、科学が目指す合理性とは別の、むしろそれに逆行する「神話」や「詩」の解釈に余地が残されている。科学的人間論は脱神話化あるいは脱魔術化によって特徴づけられるのに、「倫理的パラダイム」による人間論では、逆にここに見られるようなレトリックに関係するものさえもが視野に入ってくるのである。

『パイドロス』はその副題が示唆しているように、「美」とりわけ言葉と言語表現上の美、つまりレトリックをテーマとしている。このことに注目すれば、そこでの議論のテーマが現象的な知と本体的な知の問題であるだけではないことが分かる。そこでは科学的なあるいは浅はかな啓蒙を介した合理性と、いっそう高次の哲学的合理性が対比されてもいるのである。先ほど触れた脱神話的な神話解釈がテーマとしているのは、科学的人間論を特徴づける分析や抽象（捨象（abstraction））およびそれによって得られる諸概念による人間論の論述であるのに対して、『パイドロス』の議論の全体がテーマとしているのは、そのような人間論によっては汲み尽すことのできないより高次の知である。その議論を通して全体としてそういった知の領野が存在することが示唆されている。それはわれわれの人間論が目指すのと同じ知を示唆しているのである。そこでの論題、対話やコミュニケーションといった言語行為は、われわれの人間論に不可欠の論題なのである。

そこから倫理的パラダイムによる人間論は、対話的性格を持つと結論づけてよいように思われる。しかもその対話は、日常の世界で行なわれている対話であるに留まらない。それはたしかにそのような共時的世界での対話をそのうちに含むものではあるが、同時にそれを書き留め、読むことによって成立する、超時間的な対話もそこには含まれている。さらに対話的であると言うとき、すでにそこには一つの価値判断が含まれている。つまりコミュニケーションに加わる者は、話し、読み、書く力、要するに人間性の一部とみなされる基本的技能、人間が人間的であり自由な存在者であるために不可欠な要素を身につけていなければならず、それが善いことであるという判断を含むということである。

『パイドロス』の先に紹介した会話の直前に、パイドロスが上着の下にリュシアスの作品「恋について」というテクストを隠し持っているのをソクラテスに見破られる箇所がある。(11) その件《くだり》は、テクストの問題を取り上げているのである。われわれが注目すべきは、パイドロスがリュシアスの書いたテクストを読み上げ、そのテクストを吟味するという形で対話が続けられている点である。このような対話の状況設定によって、作者プラトンはその場に居合わせる対話者同士の会話にテクストが加わって成立する言説の宇宙がいかなるものであるかを示している。つまり『パイドロス』のこの議論は、単に口頭での会話のほかに書くことと書かれた物を読むという仕方で行なわれる対話によって成立する言説の宇宙を示唆しているのである。この宇宙を開示するものが啓蒙的な神話解釈のやり方を超えた地平で対話的に行なわれるソクラテス的な哲学探究であるが、それは言葉を口にし、読み、かつ書くという形で成立する広い意味でのコミュニケーションによって成り立つロゴス的世界を形成するのである。
われわれが真に人間の問題に光を当てようとするなら、人間の諸部分、たとえば身体とか魂とか行動とかまたその結果であるとか、そういった個々のものに光を当てるだけでそれを理解したような気になっていてはならない。そうではなくこのような言説の宇宙に分け入ることによって、そこにおける自らの位置を確認し、その位置から自己について世界について言説化しなければならないのである。

最後にソクラテスの出生の問題に触れることによって、われわれの人間論の意義をいま一度確認しておきたい。ソクラテスは石工ソプロニスコスと産婆パイナレテのあいだに生まれた。おそらく彼ら親子の関係とそれぞれの職業のあいだの関係は偶然的なものであって、そこには必然的連関などなかったかも知れない。それでも彼らの親子関係は、われわれの人間論の理解を助けてくれる格好の実例を提供してくれている。石工の技工を象徴するのは、ハンマーと作り出される人間の影像である。助産術は「臍の緒」を断ち切るハサミと取り上げられる生命によって象徴される。石工は人間の像を彫琢し、産婆は人間の生命を取り上げる。しかし彼らの息子ソクラテスは、両親が関わりを持っていた影像を彫り刻む技術と身体を取り上げ世話する技術を引き継がなかった。代わりに彼は、魂を世話する術すなわち人間的卓越性と言葉を磨き取り上げる仕事に携わった。彼は物体と生命という自然との関わりは受け継がなかったが、代わりに精神と言説の自然と関わりを持つようになった。このことの意味は深遠である。倫理的パラダイムからの人間論は、魂の世話と魂の向け変えに携わるものだというまさにその意味で、ソクラテス的な哲学の立場からの人間理解の試みでなければならないのである。

注

まえがき

(1) Leo Strauss, *The City and Man* (*CAM*), The University of Chicago Press, 1964, p. 1.

(2) Michael Platt, "Leo Strauss: Three Quarrels, Three Questions, One Life", in *The Crisis of Liberal Democracy, A Straussian Perspective*, ed. by Kenneth L. Deutsch and Walter Soffer, Foreword by Joseph Cropsey, SUNY Press, 1978, p. 23.

(3) 柴田寿子『リベラル・デモクラシーと神権政治』(東京大学出版会、二〇〇九年)三九頁。

(4) Thomas Pangle, "Editor's Introduction," in Leo Strauss, *The Rebirth of Classical Political Rationalism* (*RCPR*), University of Chicago Press, 1989, p. 28.(トーマス・パングル「レオ・シュトラウス『古典的政治的合理主義の再生』への編者序論」、レオ・シュトラウス、石崎嘉彦監訳『古典的政治的合理主義の再生』ナカニシヤ出版、一九九六年、所収、二八頁。以下、この書への言及は、*RCPR*の略号と『再生』でもって指示する)。

(5) Leo Strauss, "Social Science and Humanism" in *RCPR*, pp.3–12.(「社会科学とヒューマニズム」、『再生』所収、四四–五四頁)。

(6) Strauss, *RCPR*. p. 3.(『再生』四四頁)。

(7) Stanley Rosen, *Hermeneutics as Politics* (*HP*), Oxford University Press, 1987, p. 140.(石崎嘉彦監訳『政治学としての解釈学』ナカニシヤ出版、一九九八年、一八七頁)。

（8）スタンレー・ローゼン、石崎嘉彦監訳『政治学としての解釈学』（ナカニシヤ出版、一九九八年）i頁。因みにこの「日本語版への序文」は、原書であるStanley Rosen, *Hermeneutics as Politics* の翻訳が完了した後執筆され、一九九八年五月に直接筆者の許に送られてきたものであって、日本語訳で最初に公表された。

（9）前掲書、i－ii頁。

第一章

（1）Strauss, *What Is Political Philosophy?*（*WIPP*）, The Free Press, 1959., p. 39f.（拙訳『政治哲学とは何か』昭和堂、一九九二年、五四－五五頁）。この語の対語となるのが「同質的（homogeneous）な知」であるが、シュトラウスは後者の知が数学の知や技術に関わる知を特徴づけるものとし、前者こそ哲学的知であるとしている。『古典的政治的合理主義の再生』（*RCPR*）に収められている講義「ソクラテスの問題――五つの講義」では、それを「全体に関わる知」である哲学の知であるとして、「全体を理解するカギは、全体は異種混合の知と私が呼ぶものによって特徴づけられるという事実である」（p. 132.（一九一頁））と言われ、また「全体は一なるものでも同質的なものでもなく、異種混合的なもの」（p.142.（二〇二頁））とも述べられている。そしてこのような知は「節度」すなわち「節制」（日本語では両者の間に微妙なニュアンスの違いがあるが、元にあるのはsôphrosynê（ソーフロシュネー）である。原語にも生産者階層の徳とされている場合もあれば哲学的な知に近い意味で用いられる場合があり注意を要する）であると言われている。

（2）パターナリズム（paternalism）は今日生命倫理学の領域で、医師と患者の関係を理解する際の否定的関係概念として、批判にさらされるのが常となっている。

(3) 本書でしばしば用いられる「古典的(classic)」という語は、単に「古い(old)もの」とか「古くからの(early)もの」とか「古代の(ancient)もの」とか、要するに古くからある伝統的なものの意味だけではなく、それらに加えてなおここに述べるような「典型となる(typical)もの」「模範(mirror)となるもの」「一流の(high-class)もの」といった「範型的(paradigmatic)なもの」の意味をも含意していることに注意いただきたい。「古典的なもの」の代表と目される「ギリシア古典」は「高貴なまでの簡潔さと静けき荘厳さ(noble simplicity and quiet grandeur)」(*WIPP*, p. 27.(『政治哲学とは何か』昭和堂、一九九二年、三三頁))でもって特徴づけられるが、それは「幾何学」というメタファーによって特徴づけられる「大胆さ」と「科学の知」による「近代性」とは対照的な位置にある知的態度を言い表わしている。

(4) プラトン『ゴルギアス』篇508Aの「幾何学的平等」、『法律』篇757Cの「比例的平等」を参照せよ。

(5) 「善き生(eu zēn)」についてプラトンが言及しているのは、***Kriton***(『クリトン』)48Bにおいてである。そこでは「美しく(kalōs)」「正しく(dikaiōs)」生きることが「善き生」であると言われている。

(6) 科学技術(technology)と僭主政治(tyranny)の関わりについては、本書第五章で立ち入って論じることにする。

(7) 「合理化」は「物象化」であるというテーゼはフランクフルト学派、とりわけユルゲン・ハーバーマスに帰されるテーゼであるが、「啓蒙」は「蒙昧主義」に転化するというシュトラウスのテーゼも、結局はそれと同様のことを述べたものであると言いうるであろう。

（8）「我々が理性を磨けば磨くほど、ニヒリズムを磨くことになり、それだけ社会の忠実な構成員ではなくなる。そしてニヒリズムが不可避的に行き着く実際的帰結は、狂信的蒙昧主義である」（Leo Strauss, *Natural Right and History*（*NRH*）, The University of Chicago Press,1953, p. 6.（『自然権と歴史』昭和堂、一九八八年、九頁））というシュトラウスの言葉を参照せよ。

（9）「近代人は盲目の巨人である」（『古典的政治的合理主義の再生』ナカニシヤ出版、一九九六年、三〇七頁（Leo Strauss, *RCPR*, p.239.））と述べることによってシュトラウスは、哲学的自己知を欠いた近代人と彼らの知である科学的な知の欠陥を批判している。

（10）Platon, *Protagoras*, 320D ff.（藤沢令夫訳『プロタゴラス』、『プラトン全集』第八巻、岩波書店、一九七五年）。

（11）プラトン『ゴルギアス』篇で論じられる「コラケイア（κολακία）」（Platon, *Gorgias*, 463B ff.）、およびヘーゲル『精神現象学』の「精神」の章の「自己自身から疎外された精神」の箇所で触れられている「へつらいの言葉（die Sprache der Schmeichelei）」（Hegel, *Phänomenologie des Geistes*, Herausgegeben von J. Hoffmeister, 6 Aufl. Felix Meiner Verlag, 1952, S. 370f.（金子武蔵訳『精神の現象学』下巻、『ヘーゲル全集』5、岩波書店、一九七九年、八二四頁以下））を参照せよ。

（12）Leo Strauss, *On Tyranny*（*OT*）, Edited by Victor Gourevitch and Michael S. Roth, The University of Chicago Press, 2000, p. 210.（石崎嘉彦・飯島昇藏・金田耕一他訳『僭主政治について』（下）現代思潮新社、二〇〇七年、一四六頁）。

（13）Ibid.（同前）

（14）A・コジェーヴは歴史の最終局面において人類が到達する社会を「普遍同質的国家（l,État universel

et homogène)」という用語で表現した。人間によって到達される共同性の究極の形態を表わすタームである。Cf. Alexandre Kojève, *Introduction à la lecture de Hegel, Leçons sur la Phénoménologie de l, Esprit,* professes de 1933 à 1939, à l'École des Hautes Études, réunies et publiées par Raymond Queneau, Gallimard, 1968.（上妻精・今野雅方訳『ヘーゲル読解入門』国文社、一九八七年、一五六頁以下を参照せよ）。A. Kojève, "Tyranny and Wisdom," in Leo Strauss, *OT*, pp. 135ff.（コジェーヴ「僭主政治と知恵」、シュトラウス『僭主政治について』（下）九－八三頁を参照せよ）。

第二章

（1）Immanuel Kant, *Beantwortung der Frage: Was ist Aufklärung?*, in *Immanuel Kant Werke in zehn Bänden,* Bd. 9. S. 53.（篠田英雄訳『啓蒙とは何か』〈岩波文庫〉岩波書店、七頁）。

（2）Platon, *Politeia*, 510b.

（3）Ibid., 510d.

（4）Hegel, *Phänomenologie des Geistes*, S. 176.（金子武蔵訳『精神の現象学』上巻、岩波書店、一九七一年、二三三頁）。

（5）Hegel, *Phänomenologie des Geistes*, S. 183.（『精神の現象学』上巻、二四二頁）。

（6）Hegel, *Werke in Zwanzig Bänden*, Suhrkamp Verlag, Bd. 12, S. 490.（長谷川宏訳『歴史哲学講義』〈岩波文庫〉岩波書店、三〇六頁）。

（7）Ibid.（同前）。

（8）Hegel, *Werke in Zuwanzig Bänden*, Suhrkamp Verlag , Bd. 18, S. 87.（武市健人訳『哲学史序論』〈岩波文

庫〉岩波書店、一三三頁)。

(9) Ibid., S. 88.(同前、一三四頁)。

(10) ジャンバッティスタ・ヴィーコ(Giambattista Vico, 1688–1744)は、初期のデカルト支持の立場からその批判者へと転じ、歴史的な見方を重視する視点から『新しい学』を提唱したイタリアの思想家。

(11) Karl Löwith, "Vicos Grundsatz: verum et factum conveniunt. Seine theologische Prämisse und deren säkulare Konsequenzen," Löwith, *Sämtlche Schriften*, J. B. Metzler, Bd. 9. S. 195ff.

(12) Löwith, *Sämtlche Schriften*, Bd. 9, S. 209.

(13) Giambattista Vico, *Scienza Nuova*, §331,(*The New Science of Giambattista Vico*, Translated by Thomas G. Bergin and Max H. Fisch, Cornell University Press, 1968, p. 96).(ヴィーコ、清水純一・米山喜晟訳『新しい学』中央公論社、一九七五年、一五六頁)。

(14) Cf., Max Horkheimer, "Traditionell und kritische Theorie", in *Zeitschrift für Sozialforschung*, Hrsg. im Auftrag des Instituts für Sozialforschung von Max Horkheimer, Jahrgang VI, 1937, Heft 2, Felix Alcan/Paris.(久野収訳「伝統的理論と批判的理論」『哲学の社会的機能』晶文社、一九七四年、所収)。

(15) Ibid. Heft 3, S. 631.(久野収訳「哲学と批判的理論」同前所収、一一三頁)。

(16) Friedrich Nietzsche, *Aus dem Nachlass der Achtzigerjahre*, in *Werke in drei Bänden*, Hrsg. v. Karl Schlechta, Darmstadt, III, 1997, S. 678.(原祐訳『権力への意志』〈世界の大思想〉II-9、河出書房、一九六七年、一六頁)。

(17) Descartes, *Discours de la Méthode*, *Descartes Œuvres et Lettres*, Gallimard,1953, p. 138.(野田又夫訳『方法序説』、『デカルト　方法序説ほか』〈中公クラシックス〉中央公論新社、二二頁)。

(18) Descartes, *Discours*, p. 138.（同前、二四－二五頁）。
(19) Descartes, *Discours*, p. 172.（同前、八三頁）。
(20) Descartes, *Discours*, p. 154.（同前、五三頁）。
(21) Descartes, *Discours*, p. 154.（同前、五三頁）。
(22) Descartes, *Discours*, 1.（同前、五七頁）。
(23) Descartes, *Discours*,170.（同前、七九頁）。
(24) Descartes, *Discours*, P. 151.（同前、四八頁）。
(25) Descartes, *Discours*, p. 151f.（同前、四八－四九頁）。
(26) Descartes, *Les prinzipes de la philosophie*, 2. 4, *Descartes Œuvres et Lettres*, Gallimard,1953, p.612.（井上庄七・水野和久訳『哲学原理』、『デカルト　方法序説ほか』〈中公クラシックス〉中央公論新社、一九四頁）。
(27) Descartes, *Prinzipes*, 1, 53. p. 595.（同前、一六八頁）。
(28) Descartes, *Prinzipes*, 2, 64. p. 652.（同前、二五一頁）。
(29) Descartes, *Discours*, p. 155.（同前、五四頁）。
(30) Vico, *On the Most Ancient Wisdom of the Italians*, Unearthed from the Origins of the Latin Language, Translated with an Introduction and Notes by L.M. Palmer, Cornell University Press, 1988, p. 44.（上村忠男訳『イタリア人の太古の知恵』法政大学出版局、一九八八年、一一〇頁）。
(31) Vico, *Italians*, p. 45.（『イタリア人の太古の知恵』三三頁）。
(32) Descartes, *Discours*, p. 133.（『デカルト　方法序説ほか』一六頁）。

（33）Karl Löwith, "Vicos Grundsatz: verum et factum convertuntur. Seine theologische Prämisse und deren säkulare Konsequenzen," Löwith, *Sämtliche Schriften*, J. B. Metzler, Bd. 9. S. 203.（この一文はレーヴィットの引用句からの重引による）。
（34）Vico, *De Nostri Temporis Studiorum Ratione*, Übertragung von Walter Otto mit einem Nachwort von C. FR. von Weizsäcker und einem erläuternden Anhang von Fritz Schalk, S. 20–21.（上村忠男・佐々木力訳『学問の方法』〈岩波文庫〉岩波書店、二一頁）。
（35）Vico, Ibid.（同前）。
（36）Vico, *Nostri Temporis*, S. 40–41.（『学問の方法』〈岩波文庫〉岩波書店、四〇頁）。
（37）Vico, *Nostri Temporis*, S. 40–41.（同前、四〇－四一頁）。
（38）Vico, *Italians*, p. 52.（『イタリア人の太古の知恵』四四頁）。
（39）Vico, *Italians*, p. 52（同前）。
（40）Vico, *Scienza Nuova*, §349.（『新しい学』一五六頁）。
（41）Vico, *Italians*, p. 46.（『イタリア人の太古の知恵』三四頁）。
（42）Descartes, *Discours*, p. 168,（『デカルト　方法序説ほか』七七頁）。
（43）Vico, *Italians*, p. 97.（『イタリア人の太古の知恵』一二〇頁）。
（44）Vico, *Italians*, p. 97.（同前）。
（45）Vico, *Italians*, p. 65.（同前、六六頁）。
（46）Vico, *Italians*, p. 103.（同前、一三二頁）。
（47）Hannah Arendt, *Between Past and Future*, Penguin Books, 1993, p. 58.

(48) Hobbes, *Man and Citizen*, Ed. by Bernard Gert, Anchor Books Doubleday & Company, Inc., New York, pp. 41–42.

(49) Hobbes, *English Works*, vol.7, p. 184.

(50) Hobbes, *Man and Citizen*, p. 42.

(51) Platon, *Briefe*, in *Werke in Acht Bänden*, Griechish und Deutsch, Bd. 5 (Deutsche Übersetzung von Friedrich Schreiermacher), 343b–c.（長坂公一訳『第七書簡』、『プラトン全集』一四巻、一五二頁）。

(52) Rousseau, *Discours sur les sciences et les arts*, *Jean-Jacques Rousseau Œuvres completes*, III, Gallimard, 1964. p. 19.（『学問芸術論』〈岩波文庫〉岩波書店、三五－三六頁）。

(53) Strauss, *WIPP*, p. 50.（『政治哲学とは何か』昭和堂、一九九二年、七四頁）。

(54) Rousseau, *Discours sur l' origine et les fondements de l' inegalite*. *Jean-Jacques Rousseau Œuvres completes*, III, Gallimard, 1964. p. 113.（『不平等起源論』岩波文庫、一一二頁）。

(55) Rousseau, *Discours sur l' inegalité*, p. 132.（同前、三七頁）。

(56) Rousseau, *Discours sur l' inegalité*, p. 132.（同前、三八頁）。

(57) Rousseau, *Discours sur l' inegalité*, p. 134.（同前、四二頁）。

(58) Rousseau, *Discours sur l' inegalité*, p. 123.（同前、二七頁）。

(59) Strauss, *NRH*, p.274.（『自然権と歴史』昭和堂、一九八八年、二八四頁）。

(60) Strauss, "The Three Waves of Modernity", in *An Introduction to Political Philosophy*, *Ten Essays by Leo Strauss*, edited with an Introduction by Hilail Gildin, Wayne State University Press, 1989, p. 90（拙訳「近代性の三つの波」『政治哲学』創刊号、一一二頁）。

(61) Rousseau, *Du contrat social ou principes de droit politique*, Chapitre 6, *Jean-Jacques Rousseau Œuvres completes*, III, Gallimard, 1964, p. 360.（桑原武夫・前川貞次郎訳『社会契約論』〈岩波文庫〉岩波書店、二九頁）。

(62) Rousseau, *Discours sur l' inegalité*, p. 191.（『不平等起源論』〈岩波文庫〉岩波書店、一二八頁）。

(63) Strauss, *NRH*, p. 274.（『自然権と歴史』二八四頁）。

(64) Strauss, *NRH*, p. 274.（同前、二八四頁）。

(65) Strauss, *WIPP*, p. 53.（『政治哲学とは何か』昭和堂、一九九二年、七四頁）。

第三章

(1) Hegel, *Werke in Zwanzig Bänden*, Suhrkamp Verlag, Bd. 7, S. 24.（藤野渉・赤澤正敏訳『法の哲学』中央公論社、『世界の名著35　ヘーゲル』一九六七年、一六九頁）。

(2) Hegel, *Werke in Zwanzig Bänden*, Suhrkamp Verlag, Bd. 1, S. 244.

(3) Hegel, *Hegels Theologische Jugendschriften*, Hrsg. v. Dr. Herman Nohl, Tübingen, 1907. の中に収められた。前の注（2）の引用箇所も、同じくこのH・ノール編による『ヘーゲルの初期神学論集』に収められて初めて、人々の目に触れることになったヘーゲルの草稿の一部である。

(4) Fichte, *Die Bestimmung des Geleherten*, Werke, hrsg. v. Medicus, Bd. 1, S. 228.

(5) Hegel, *Briefe von und an Hegel*, Bd. 1, 1785–1812, Hrsg. v. J. Hoffmeister, Felix Mwiner, Hamburg, 1952, S. 23.

(6) Hölderlin, Friedrich, *Sämtliche Werke und Briefe*, *Zweiter Band*, Carl Hanser Verlag, München, 1970, S.

667.

（7） Hegel, *Briefe von und an Hegel*, Bd. 1, S. 29.

（8） Ibid.

（9） 高橋昭二『カントとヘーゲル』（晃洋書房、一九八四年）一一六頁。

（10） Hegel, *Werke in Zwanzig Bänden*, Suhrkamp Verlag, Bd.2, S. 82.

（11） Hegel, *Phänomenologie des Geistes*, sechste Auflage, Herausgegeben von J. Hoffmeister, Felix Meiner. 1952, S. 140（『精神の現象学』上巻、一八二頁）。

（12） Hegel, *Werke in Zwanzig Bänden*, Suhrkamp Verlag, Bd.2, S. 87.

（13） Hegel, *Werke in Zwanzig Bänden*, Suhrkamp Verlag, Bd.1, S. 242.

（14） Hegel, *Werke in Zwanzig Bänden*, Suhrkamp Verlag, Bd.1, 1971, S. 362.（中野肇他訳『ヘーゲルの初期神学論集』Ⅱ、以文社、一九七四年、一九〇頁）。

（15） Hegel, *Werke*, Bd.1, S. 363.（『ヘーゲルの初期神学論集』Ⅱ、一九一頁）。

（16） Hegel, *Werke*, Bd.1, S. 363.（同前）。

（17） Hegel, *Werke*, Bd.1, S. 363.（同前）。

（18） Hegel, *Werke*, Bd.1, S. 370.（同前、一九九－二〇〇頁）。

（19） Hegel, *Werke*, Bd.1, S. 405.（同前、二四四頁）。

（20） Hegel, *Werke*, Bd.1, S. 394.（同前、二三一頁）。

（21） Hegel, *Werke*, Bd.1, S. 246.

（22） Hegel, *Werke*, Bd.1, S. 372.（同前、二〇四頁）。

(23) Hegel, *Werke*, Bd.1, S. 381.（同前、二二四頁）。

(24) Hegel, *Werke*, Bd.1, S. 382.（同前、二二六頁）。

(25) 高橋昭二『カントとヘーゲル』（晃洋書房、一九八四年）四六－四七頁。

(26) Hegel, *Phänomenologie des Geistes*, 1952, S. 19.（『精神の現象学』上巻、一六頁）。

(27) Hegel, *Phänomenologie des Geistes*, S. 20.（同前、一七頁）。

(28) Hegel, *Phänomenologie des Geistes*, S. 20.（同前、一七－一八頁）。

(29) Hegel, *Phänomenologie des Geistes*, S. 21.（同前、一九頁）。

(30) Marx, *Das Kapital*. Bd.3, Dietz Verlag, 1971, S. 828.（長谷部文雄訳『資本論』4、河出書房新社、三〇二頁）。

(31) Marx, *Gurundrisse der Kritik der Politischen Ökonomie*, Dietz Verlag, 1974, S. 589.（高木幸二郎監訳『経済学批判要綱』第三分冊、大月書店、一九六一年、六五〇頁）。

(32) Marx, *Das Kapital*. Bd.3, S. 828（同前、三〇二頁）。

(33) Karl Löwith, *Sämtliche Schriften*, Bd.1, *Mensch und Menschenwelt*, J. B. Metzler, 1981, S. 324.

第四章

(1) Nietzsche, *Friedrich Nietzsche Sämtliche Werke*, Kritische Studienausgabe, Bd. 5, §199, S.119.（木場深定訳『善悪の彼岸』〈岩波文庫〉岩波書店、一五〇頁）。

(2) Hegel, *G.W.F Hegel Werke in 20 Bänden*, Suhrkamp Verlag, Bd.1, 1971, S. 21.（久野昭・水野健雄訳『ヘーゲル初期神学論集』Ⅰ、二二二頁）。

（3） Alexandre Kojève, *Introduction à la lecture de Hegel*, Gallimard, 1968, p. 437.（上妻精・今野雅方訳『ヘーゲル読解入門』国文社、二四六頁）。

（4） マルクス、エンゲルス、広松版『ドイツ・イデオロギー』（河出書房新社、一九七四年）一五六頁。

（5） Cf., Kojève, *Introduction à la lecture de Hegel*, p.434-437. アレクサンドル・コジェーヴの『ヘーゲル読解入門』の第二版での追加注を参照せよ。コジェーヴはレイモン・クノー編で出版された『ヘーゲル読解入門』の第二版の四三四頁の注に追加した部分で、先進資本主義国とりわけアメリカ合衆国においては、マルクスとエンゲルスが思い描いたような人間解放は、すでにほぼ達成されていると論じている。

（6） ギュンター・グラス、高本研一訳「例えばカルカッタ」『朝日新聞』一九九〇年一月四日付夕刊。

（7） 同前。

（8） 宇野弘蔵『恐慌論』岩波書店、七一頁。

（9） 同前、六二頁。

（10） 同前、六六頁。

（11） 同前、七一頁。

（12） 同前、七一頁。

（13） 自然がその崇高さを失い始めたのは、「自然学（physics）」が「力学（dynamics）」や「機械学（mechanics）」というような語によって理解される「自然の学（natural science）」に意味を転じたときからであったと言ってもよいであろう。

（14） Strauss, *CAM*, p. 3.

（15） Platon, *Gorgias*, 463Bff.（加来彰俊訳『ゴルギアス』岩波書店、一九七四年）。

第五章

（1）Strauss, *WIPP*, p. 42.（『政治哲学とは何か』五九頁）。

（2）Strauss, *OT*, p. 24.（石崎嘉彦・飯島昇藏・面一也訳『僭主政治について』（上）現代思潮新社、二〇〇六年、一〇三頁）。

（3）Niccolò Machiavelli, *The Prince*, Ch. 6, Second Edition, Translated and with an Introduction by Harvey C. Mansfield, The University of Chicago Press, 1998, p. 24.（池田廉訳『君主論』6、『マキアヴェッリ全集1』中央公論新社、一九九八年、二二頁）。

（4）Machiavelli, *Ibid.*（同前）。

（5）Cf. Machiavelli, *The Prince*, Ch. 7.（『君主論』7を参照せよ）。

（6）Leo Strauss, *WIPP*, p. 49.（『政治哲学とは何か』七一－七二頁）。

（7）Ibid.

（8）Roger Boesche, *Theories of Tyranny, from Plato to Arendt*, The Pennsylvania State University Press, 1996, p. 169.

（9）Montesquieu, *De l'esprit des lois*, 1748. 2. 11. 6.（根岸国孝訳『法の精神』〈世界の大思想〉第一六巻、河出書房、一九六六年、一五二頁）。

（10）Strauss, *NRH*, p. 23.（『自然権と歴史』昭和堂、一九八八年、二八頁）。

（11）Leo Strauss, *OT*, p. 27.（『僭主政治について』（上）現代思潮新社、二〇〇六年、一〇九頁）。

（12）Cf. Martin Heidegger, *Die Technik und die Kehre*, Zweite Auflage, Verlag Günter Neske, 1962.「Gestell

（総駆り立て体制）」の訳語については、加藤尚武編『ハイデガーの技術論』（二〇〇三年、理想社）を参照せよ。加藤はそれを戦前の軍国主義時代を連想させる「徴発性」という語で訳すことを提案している。この訳語は十二分に参考にされて然るべきである。

（13）Cf. Alexandre Koyré, *From the Closed World to the Infinite Universe*, The Johons Hopkins University Press, 1957, p. viii.（野沢協訳『コスモスの崩壊』白水社、一九九九年、九－一〇頁を参照せよ）。

（14）Strauss, *RCPR*, p. 42.（『古典的政治哲学的合理主義の再生』ナカニシヤ出版、八五頁）。

（15）シュトラウスは、しばしば「政治的生活」をこの「共に生きること（共生）」という語によって言い換えている。Strauss, *WIPP*, pp. 29, 34, 92.（石崎嘉彦訳『政治哲学とは何か』昭和堂、一九九二年、三六頁、四五頁、一四一頁など）、Strauss, *CAM*, p. 52. などを参照せよ。

（16）Strauss, *RCPR*, p. 142.

（17）「異種混合の知（knowledge of heterogeneity）」はソクラテス的哲学の知である。レオ・シュトラウスは、それこそが「同質性の知（knowledge of homogeneity）」としてある近代の科学的な知性の陥穽を克服するための拠点となりうると位置づけた。彼の古典回帰と自然権の復権をその特徴とする主張は、この哲学知を根底に据えて主張されている。シュトラウスの『政治哲学とは何であるか?』の第一論文、「政治哲学とは何であるか?」の第二節、「古典的解決」の最後の段落の記述（*WIPP*, p. 39f.（『政治哲学とは何か』同前、五四－五五頁））を見よ。

第六章

（1）「アポロ的なもの」と「ディオニュソス的なもの」の概念は、ニーチェの『悲劇の誕生』（Nietzsche,

Die Geburt der Tragödie, in *Friedrich Nietzsche, Sämtliche Werke, Kritisch Studienausgabe*, dtv., de Geuyter, Bd. 1）の根本概念であるが、ここでの議論で述べられるポストモダンの「共生」概念は、ニーチェが論じた「ディオニュソス的なもの」あるいは「酒神」的精神を排除するものではない。

（2）Hegel, *Phänomenologie des Geistes*, S. 39.（金子武蔵訳『精神の現象学』上巻、四四頁）。

（3）Stanley Rosen, *Hermeneutics as Politics*, Oxford University Press, 1987, p. 85（石崎嘉彦監訳『政治学としての解釈学』ナカニシヤ出版、一九九八年、一一五頁）。

（4）ローゼンの同書の第二章「プラトン的再構成」、とりわけその末尾を参照せよ。

（5）マルクス・アウレリウス『自省録』（鹿野治助編『世界の名著』13、中央公論社、一九六八年、所収）四三七頁。

（6）キケロ『法律について』（鹿野治助編『世界の名著』13、所収）一三七頁。

（7）キケロ（同前、一四八頁）。

（8）トマス・アクィナス、稲垣良典訳『神学大全』13（II–1, 90–105）、創文社、Qu. 95, art. 2）九四頁。

（9）Hobbes, *Leviathan*, Reprinted from the Edition of 1651, Oxford at the Clarendon Press, 1967, p. 8.（水田洋訳『リヴァイアサン』（一）〈岩波文庫〉岩波書店、一九九二年、三七頁）。

第七章

（1）アリストパネス、高津春繁訳『平和』（高津春繁編『世界古典文学全集12　アリストパネス』筑摩書房、一九六四年、所収）一九九―三〇〇行（一七七―一八八頁）を参照せよ。

第八章

（1）　Leo Strauss, *Philosophie und Gesetz*（*Leo Strauss Gesammelte Schriften*, Hrsg von Heinrich Meier, J. B. Metzler 1997. Bd.2,）S. 9, Leo Strauss, *Philosophy and Law*（*PL*）, translated by Eve Adler, SUNY Press, p. 21.

（2）　Steven Smith, *Reading Leo Strauss, Politics, Philosophy, Judaism,* The University of Chicago Press, 2006, p. 70.（高木久夫訳「シュトラウスのスピノザ」『政治哲学』第三号、二八頁）。

（3）　S・スミスが指摘しているように、ヤコービのスピノザ批判は「信」と「知」という概念の対立を基軸としてスピノザ的解決が「信」の否定に繋がることに異議を申し立てるものであった。これに対し、シュトラウスは、哲学すなわち「知」を「法」と対立させることによって、「信」を「知」に服させることによるスピノザ的あるいは近代的解決の難点を克服しようとするものであった。

（4）　シュトラウスはコーエンやローゼンツヴァイクたちの近代主義の立場からのスピノザ批判に対して、「中世哲学はもっとも重要な点において近代の哲学に優る」（*RCPR*, p. 217（『古典的政治的合理主義の再生』ナカニシヤ出版、一九九六年、二八四頁））とする立場から、スピノザ哲学への近代性の立場からの宗教批判に批判の刃を向けるのである。シュトラウスによれば、コーエンはキリスト教への改宗者としてスピノザを批判しているという点で、その批判はスピノザの宗教批判の不徹底をついているという意味で近代的であるといえるし、ローゼンツヴァイクは「神の法であるトーラーから出発する」のではなく「ユダヤ民族から出発する」という「社会学的」議論を展開しているがゆえに、近代的な立場からの批判であると言いうるのである。（Cf. Leo Strauss, “Preface to Spinoza’s Critique of Religion”, in *Liberalism Ancient and Modern*, Cornell University Press, 1989, p. 238）（『リベラリズム　古代と近代』（Strauss, *LAM*）ナカニシヤ出版、二〇〇六年、三六六－三六七頁を参照せよ）。

（5） たとえば、シュトラウスは、「忘れられた類の著述について」のなかで「マイモニデスはスピノザ以上に深遠な思想家であった」（Strauss, *WIPP*, p. 230（『政治哲学とは何か』二二九頁））と述べている。

（6） たとえば、シュトラウス『リベラリズム　古代と近代』（Strauss, *LAM*）に収められている「いかにして『迷える者の手引き』を読み始めるか」の「『迷える者の手引き』はトーラーに、より正確にはトーラーの学、すなわち法の学に捧げられている」（邦訳、二二九頁（Strauss, *LAM*, p. 142））というような記述を参照せよ。

（7） Strauss, *RCPR*, p. 223.（『古典的政治的合理主義の再生』二九〇頁）。

（8） Strauss, *RCPR*, p. 216.（同前、二八三頁）。

（9） Ibid.（同前）。

（10） Strauss, *LAM*, p. 143.（『リベラリズム古代と近代』二一九頁）。

（11） 「それにもかかわらず、シュトラウスのいっそう深いレヴェルでのユダヤ主義への関わりは、なおいっそうかなり曖昧である。シュトラウスがユダヤ教そのものに関心があったのではなく、ユダヤ教が、より一般的な問題、つまり神学－政治問題といわれる問題の実例であったかぎりにおいてユダヤ教と関わりを持ったという点が議論されてよい。しかし、シュトラウス自身が理解したようなこの問題は、ユダヤ教に特有のものというわけではなく、キリスト教世界とイスラム教世界の経験にとっても中心的であったがゆえに、シュトラウスの関心がユダヤ教それ自体に関わるものであったと信じる理由などない。」（Smith, S. "Leo Strauss: Between Athens and Jerusalem", in *Leo Strauss, Political Philosopher and Jewish Thinker*, ed. by Kenneth L. Deutsch and Walter Nicgorski, p. 82）。

（12） Leo Strauss, *Persecution and the Art of Writing*（*PAW*）, University of Chicago Press, 1980. p. 39.

(13) Strauss, *PAW*, ibid.

(14) Strauss, *PAW*, p. 40.

(15) 『迷える者の手引き』は「法の困難」「法の秘密」の解明に当てられているとマイモニデスは述べている。それらの困難と秘密のうち、もっとも重要なものは、「(聖書の)始まり(Beginning)」(創造の物語り、ma'aseh bereshit)と「車輪(Chariot)」(神の現示の物語り、ma'aseh merkabah)の記述であるとされる。

(16) Strauss, *PAW*, p. 45 f.

(17) Leo Straus, *GS*, Bd. 2, S. 96 (*PL*, p. 110).

(18) Strauss, *GS*, Bd. 2, S. 91 (*PL*, p. 105).

(19) Strauss, *GS*, Bd. 2, S. 90 (*PL*, p. 104).

(20) Ibid.

(21) Ibid.

(22) Allan Bloom, "Leo Strauss, September 20, 1899-October 18, 1973", in *Giants and Dwarfs*, Simon & Schuster, 1990, pp. 246f.

(23) Leo Strauss, "Falabi's *Plato*", in *Louis Ginzberg Jubilee Volume*, New York, American Academy for Jewish Research, 1945.

(24) Leo Strauss, "Falabi's *Plato*", p. 362.

(25) Leo Strauss, "Falabi's *Plato*", p. 366.

(26) Ibid.

(27) Strauss, "Falabi's *Plato*", p. 378.
(28) Strauss, "Falabi's *Plato*", pp. 378f.
(29) Strauss, "Falabi's *Plato*", p. 381.
(30) ソクラテス的「虻」については、プラトン『ソクラテスの弁明（Apologie）』30Ｅを参照せよ。
(31) Strauss, "Falabi's *Plato*", p. 379.
(32) Strauss, "Falabi's *Plato*", p. 383.
(33) Cf., Leo Strauss, *RCPR*, p. 156 ff.（『古典的政治的合理主義の再生』二一六頁以下を参照せよ）。
(34) Platon, *Gorgias*, 521D.（加来彰俊訳『ゴルギアス』）。
(35) 「『迷える者の手引き』の全体が構想力の批判であるといっても言い過ぎではない」*GS*, S. 93 (*PL*, p. 106) というシュトラウスの言葉からも明らかなように、シュトラウスがマイモニデスの預言術の解釈で行なおうとしていることは、預言の中に合理的な「立法」の行為を読み取ろうとする試みであり、それをもって、「法」のなかに「自然」を見る試みと解することができるかもしれない。だとすれば、預言者の言葉は「自然法」という意味を持つことになるであろう。ユダヤ的なものにおける自然の概念については『自然権と歴史』（昭和堂、一九八八年、九二頁。Strauss, *NRH*, p. 81f.）を参照せよ。
(36) Leo Strauss, *WIPP*, p. 39.（『政治哲学とは何か』五四頁）。Cf., *RCPR*, p. 132f, 142.（『古典的政治的合理主義の再生』一九一頁以下および二〇二頁を参照せよ）。
(37) Leo Strauss, *Hobbes' politische Wissenschaft*, in *Leo Strauss Gesammelte Schriften* (*GS*), Bd. 3, Herausgegeben von Heinrich Meier und Wiebke Meier, J.B. Metzler, 2001, Stuttgart. この書物は、最初、一九三六年に Elsa M. Sinclair の翻訳で出版され（*The Political Philosophy of Hobbes, Its Basis and Its Genesis*,

The Clarendon Press, Oxford, 1936)、後に一九五二年にアメリカ版がシカゴ大学から、また、一九六五年にドイツのルフターハント（Luchterhand）社から、ドイツ語版として出版された。

（38）「近代の政治学と古代の政治学が根本的に区別されるのは、近代の政治学が〈権利〉から出発するのに対して古代の政治学が〈法〉から出発するという点においてである。」(*GS*, Bd. 3, S. 177.)

（39）Strauss, *GS*, S. 179.

（40）Strauss, *GS*, S. 185.

（41）Leo Strauss, 'Progress or Return,' in *RCPR*, p. 246.

（42）Ibid.

（43）ヘブライ語では「性格（character）」を意味する teva が「自然」に相当する語であると言われている（Leo Strauss, *RCPR*, p. 253）。

第九章

（1）Platon, *Gorgias*, 492C.（加来彰俊訳『ゴルギアス』〈岩波文庫〉岩波書店、一九六七年）。

（2）Ibid., 485D–E.（同前）。

（3）Ibid., 486A–B.（同前）。

（4）Ibid., 507E–508A.（同前）。

（5）Leo Strauss, *LAM*, p. 3.（石崎嘉彦・飯島昇藏、訳者代表『リベラリズム　古代と近代』ナカニシヤ出版、三頁）。

（6）Max Weber, *Die protestantische Ethik und der Geist des Kapitalismus*, in *Gesammelte Aufsätze zur*

Religionssoziologie I, Tübingen, J. C. B. Mohr (Paul Siebeck), 1920, S. 204.（梶山力・大塚久夫訳『プロテスタンティズムの倫理と資本主義の精神』（下）〈岩波文庫〉岩波書店、一九六二年、二四六頁）。

（7） Platon, *Phaidros*, 229B.（藤沢令夫訳『パイドロス』岩波書店、一九七四年）。

（8） Platon, *Phaidros*, 229C.（同前）。

（9） デルフォイの神殿に掲げられていたとされる銘文。Platon, *Philebos*, 48C.（田中美知太郎訳『ピレボス』岩波書店、一九七五年）、*Charmides*, 164E.（プラトン、山野耕治訳『カルミデス』）、*Archibiades*,124B.（プラトン、田中美知太郎訳『アルキビアデス』1）を参照せよ。『カルミデス』では、特に、この語句が「節度（sôhprosynê）」と同じ意味を持つものであることが指摘されている。われわれもまた、この語句によって意味されるところこそが、われわれの「人間論」の目指す究極の知をなすものであることを示そうとしているのである。

（10） Platon, *Phaidros*, 230A.（『パイドロス』）。

（11） Platon, *Phaidros*, 228D–E.（同前）。

あとがき

本書は、ここ数年の間に共著書や学術誌に発表した論文に、時間的にはかなり前に書かれていた講義ノートの原稿などを加えて、一冊にまとめたものである。それぞれの論考が書かれた時期に時間的な幅があり、かつまた、もともと別の書物を構成する論考であったものを配列しなおしたことなどから生じる論点のずれを調整し、論旨の一貫性を確保するために、かなりの書き改めを余儀なくされたが、そのことによって本来公表される予定ではなかった一部の論考が、読者の目に触れるという幸運に恵まれることになった。

このところの私の研究はもっぱら政治哲学に向けられていたが、そのような方向に向かったのは、もともと私の思考運動の出発点にあった「人間とは何であるか」という問いに適切に答えるための途を探り当てようとしたことからであった。この「人間とは何であるか」という問いは、元来ソクラテス的哲学の問いであった。この問いをもう一度正面に据えなおすことによって、これまで私が行なってきた考察を編みなおしたとき、このような形での「人間論」の叙述ができあがったのであるが、そのために本書の表題に「人間論」という語が含まれることになった。そしてその結果、このような表題の下で構想される「人間論」は、ソクラテス以来の哲学的思考の伝統に立ち返って、そのカテゴリーと概念によって展開される「人間論」であるということが、そこに同時に含意されることになった。いずれにせよ、「人間論」という語を本書の表題に掲げることによって、私は、本書の試みが、かつてソクラテスによって開始された本来的な哲学探究としての「人間論」の探求に類縁のものであることを示すとともに、そういった古典的思想家たちによって提示された哲学的「人間論」の立場を回復させることなしには、「科学」を超えた「人間」についての探究の方向性を指し示すことなどおよそ不可能であることを示すことになったのである。

ところで、ソクラテス的『人間論』の問いは、独特の人間への問いであった。というのもソクラテスをも含め、彼から始まった古典的哲学による人間への問いは、いずれもポリスあるいは「共同体」とは何であるかを問う問いとしても立てられていたからである。人間の問題をポリスの問題として問うことは、それが同時に政治哲学の問いとしても立てられるということを意味しているが、同時にそのように問うことによって、それが単に人間の「何であるか」を問うだけでなく、人間の「自然本性(physis)」への問いともなりえたことに目を向けなければならない。そうなったことによって、ソクラテス的「人間論」は、「人間が万物の尺度である」とする立場からの人間論とは正反対のもの、つまり「自然が規準である」とする立場からの「人間論」として確立されたのである。そのような「人間」への問いを再開することによって、言い換えれば、ソクラテスから始まる古典的政治哲学の「人間論」の視角から、「人間」への問いを再開することによって、われわれは近代性原理すなわち近代合理主義の理性原理に従った人間論とは別個の「人間論」を展望することができるのである。

かくして本書の議論は、科学的思考による「人間論」とは異なり、ソクラテスやプラトンやアリストテレスたちの思考を特徴づけていたのと同じ哲学的思考法による、それゆえ人間の「自然本性」を問う中から人間存在の何であるかを問う試みとして行なわれることになったが、それとともにそのような問いに対する答えという形で展開される「人間論」こそが、今日の合理主義を超える視点をわれわれに提供するものとなりうることを主張するものとなった。つまり古典的な哲学の視点に備わっていた自然探究の視点が、とりわけこれからの「人間論」に不可欠だと言うのが本書の根本的な主張である。それが不可欠であるのは、これまで論じられてきたように、近代性の窮境が近代の哲学と科学による不十分な「自然」理解によってもたらされたものだからである。つまり、近代の科学的立場からする「自然」と「人間」と「共同性」への問いが、いずれも「自然」と「人為」の概念を取り違えたまま推し進められたことによってもたらされたものであったからである。要するに、われわれは、近代合理性を超えるために、科学による「自然」理解とは異なる哲学的「自然」理解を必要とするのである。それによって理解される「自然」概念こそ、このポストモダンの知に要求されるものなのである。

ところで、本書を閉じるに当たって、表題で言及されている「ポストモダン」についても、一言触れておかなければならない。まず確認されなければならないことは、ここでの「ポストモダン」は、語の本来の意味における「近代以後」を意味しているということである。そういった意味からすれば、それは通例それによって意味されているものとは異なったものとして解されていると言ってよい。それは、リオタール以来、デリダやドゥルーズやガタリらの思想に対してはもとより、芸術や批評の分野などでも好んで用いられ、人口に膾炙《かいしゃ》するようになった流行語としてのそれとは大きく異なり、基本的にはそれとは異質とさえ言いうるものを含意している。

それゆえそういった流行思想に対する批評を期待された読者は、本書を読んで肩透かしを食らったという印象をもたれるかもしれない。しかし私は、この語によって、流行思想としての「ポストモダン」を明らかに超える、語の本来の意味でのポストモダンの思想的地平を提示しえたと自負している。

本書の「まえがき」で、ローゼンのポストモダン理解を引き合いに出して確認しておいたように、ここで用いられている「ポストモダン」は、「モダン」の最期的な痙攣《けいれん》を意味する「ポストモダン」ではなく、本来の意味での「近代以後」、したがって「啓蒙」と「歴史」と「実存」の後を見据えた、文字通りの意味での近代性を超える論理と理性を提示することのできる「ポストモダン」である。このような用語法の先例は、たとえばアメリカの思想史家キャスリーン・ズッカートが「ポストモダンのプラトンたち」という表現を用いた際に、あるいはスタンレー・ローゼンが「プラトンは近代人である」というようなレトリックを用いた際に含意されていたものの中に見られるものである。それらの「ポストモダン」の理解からすれば、人びとによって「ポストモダン」と呼ばれているものは、「現代」の延長でしかなく、それが現代の延長でしかないことによって、近代合理主義の、したがってまたそれを支えている近代的理性に孕まれている真の問題性を、いま少しのところまで追い詰めながらも結果として捉えそこない、それゆえまた、それを超えるロゴスを見出しえていない「ポストモダン」を意味するものでしかないのである。

近代性の危機は、近代科学の合理性が僭主支配に対して無防備であることによって、いやそれどころか、科学の合理性自体が僭主政治的（tyrannical）性格のものであることによって招来された。そして近代の合理主義は、この科学の合理性によって育まれ、近代性それ自体を作り出すことに精魂を傾けてきた。今、まさしく、この「モダン」の産物である近代性の危機に対して、それを超える論理を提示することができるか否かが、知的枠組みとしての「ポストモダン」に問われているのである。それゆえ私は、われわれに課せられているこの責務に答えうる知的枠組みを「ポストモダン」の名で呼ぶことにしたのである。

本書で私は、近代性の欠陥を埋め合わせる地平を展望する、あるいは、そのような地平の可能性を指し示すことができる核となる論理を取り出すことに務めた。そうすることによって、ポストモダン的諸問題を解決するための哲学的な答えを導き出すことにも心がけた。科学（science）に対してコンスキエンティア（conscientia）を対置し、「同種的知識」に対して「異種混合の知」を対置し、そこから浮かび上がってくる知に対して「倫理的パラダイム」の名を冠するといった本書で行なわれた主張は、そのような答えの一環として提出されているのである。

私の政治哲学的思考のもとに元からあった「人間とは何であるか」の問いは、兎にも角にもこのような答えを導き出すことへと私を導いたのであるが、この答えは、政治哲学的思考に導かれてポストモダンの窮境の中で提出されたモダンとポストモダンを同時に乗り越えるための思考からの暫定的結論であると見なければならない。それが暫定的であるのは、古典的理論が近代合理性の欠落部分を十全に埋めることのできる論理であることを遺漏なく論証し尽くした上で提出されたものではないこと、および「モダン」を超えようとする一般的意味でのポストモダン的試みを隈なく精査し尽くした上で提出されたものではないという、二つの理由からである。後者は歴史に審判を任せる他ないと思われるが、前者はこれからなお私に残されている重たい課題であることを最後に確認しておきたい。

本書に収録された論考の初出については、次のとおりである。

第一章　二十一世紀を支える理論枠組みとしての人間論　『ポストモダン時代の倫理』（ナカニシヤ出版、二〇〇七年）第一章「ポストモダン時代のキーワードは倫理」、第二章「近代合理性を超えるために」。

第二章　歴史の思想と「意志の行為」（書き下ろし）。

第三章　歴史の弁証法と人知による社会の制御　（書き下ろし）。

第四章　力への意志と相対主義　（書き下ろし）。

第五章　テクノロジーと僭主政治　「テクノロジーと僭主政治――それに立ち向かう論理とは」『ぷらくしす』二〇〇八年度、通巻第10号（広島大学応用倫理プロジェクトセンター、二〇〇九年）五七－六二頁。

第六章　自然の法と倫理の理法　『グローバル世界と倫理』（ナカニシヤ出版、二〇〇八年）第二章「自然の法と倫理の理法」。
第七章　テロリズムの恐怖と闇　『グローバル世界と倫理』（同前）第十章「テロリズムの闇と恐怖」。
第八章　共生の時代の権利と法　『第二回CISMORユダヤ学会議、ユダヤ学の多様性：取り巻く異文化との対話』同志社大学一神教学際研究センター、二一世紀COEプログラム、二〇〇六年、九五－一〇六頁。
第九章　ポストモダンの人間論と一般教養教育　**1**－**3**『人間論の可能性』（昭和堂、一九九四年）第Ⅴ部C「人間論と一般教養教育」、**4**『ポストモダン時代の倫理』（ナカニシヤ出版、二〇〇七年）第十一章「共同への欲求」、**5**『ポストモダン時代の倫理』（同前）第十二章「教養教育と人間論」。

本書のそれぞれの章は、モノローグの論考からなっているが、その背後には、書物や論文を通して、あるいはまた学会や研究会などでの討議を通して、意見を交わすことによって実現された多くの方々とのダイアローグが控えている。公的私的を問わず様々な機会にそれぞれの論考に対する批評や批判を寄せてくださった学兄諸氏に感謝申し上げる。とりわけ、「政治哲学研究会」、「広島大学応用倫理研究会」、「同志社大学一神教学際研究センター」、「大阪大学倫理学教室」の関係者諸氏には、発表と討論そのほかの機会を与えてくださったことに感謝申し上げる。また、そのような機会に直接意見を述べて私の思考を側面から援助してくれた山内廣隆教授（広島大学大学院）と飯島昇藏教授（早稲田大学政治経済学術院）にはこの場を借りて厚く御礼申し上げる次第である。

本書もナカニシヤ出版第一編集部の津久井輝夫氏の手によって出版されることになった。氏は粗原稿にいくらか手を加えただけの最初の原稿に目を通して意見を述べてくれた。本書が単なる論文集ではなくいくらかでもまとまりのある書物に仕上がっているとすれば、氏が加筆を薦めてくれたお蔭である。この場を借りてお礼申し上げる。原稿作成の段階で、一昔前のノートを入力原稿の形にするのに妻紀美子の手を借りた。家族の支援を得てこの書も世に問われうるものとなったことを最後に記して、この「あとがき」を閉じることにしたい。

二〇一〇年七月　書斎にて

石崎嘉彦

マ　行

ヤ　行

ラ・ワ　行

ナ　行

ハ　行

タ　行

カ　行

ハ　行

ハイデガー(Martin Heidegger)　*i*, 33, 38, 132, 177, 179
パイドロス(Phaedrus)　226, 229
バーク(Edmund Burke)　62, 72
パングル(Thomas Pangle)　232
ピュタゴラス(Pythagoras)　56
ファーラービー(Al-Farabi)　*iii*, 189–196
プラトン(Platon)　*i*, *iii*, *v–vii*, *x*, 9, 19, 29, 56, 58, 119, 130, 154, 175, 183, 192, 194–196, 199, 226, 229, 234–236, 240, 244, 247, 251, 253
ブルーム(Allan Bloom)　*viii*, 190, 250
プロタゴラス(Protagoras)　19
ヘーゲル(Hegel)　*vi*, ix, 30–32, 34, 35, 38, 61, 64, 72, 75, 77–85, 87–97, 99, 100, 129, 135, 141, 142, 235, 236, 241–243, 247
ベーコン(Francis Bacon)　34, 93, 94, 105
ヘルダーリン(Hölderlin)　80, 81, 241
ボダン(Jean Bodin)　126
ホッブズ(Thomas Hobbes)　34, 57, 58, 63, 65, 107, 126, 127, 156, 157, 172, 173, 175, 179, 184, 197–200, 221, 239, 240, 247
ホルクハイマー(Max Horkheimer)　37–39, 237

マ・ヤ　行

マイモニデス(Maimonides)　*iii*, 180–189, 191, 196, 200, 201, 249–251
マイアー(Heinrich Meier)　251
マキアヴェッリ(Niccolö Machiavelli)　58, 63, 76, 77, 94, 96, 123–127, 129, 135, 157, 221, 245
マルクス(Karl Marx)　34, 64, 91–94, 96–98, 103, 106, 111, 120, 132, 135, 243, 244
マルクス・アウレリウス(Marcus Aurelius)　155, 247
モーセ（Mose)　124,196,201
モンテスキュー(Montesquieu)　126,128,129,245
ユークリッド(Euclid)　133

ラ　行

ルソー(Jean-Jacques Rousseau)　63–72, 96, 172, 173, 175, 179, 240, 241
ルター(Martin Luther)　31
レーヴィット(Karl Löwith)　33–35, 237, 239, 243
ローゼン(Stanley Rosen)　*vi*, *viii*, 232, 233, 247
ローゼンツヴァイク(Franz Rosenzweig)　182, 248
ロック(John Locke)　63, 135, 175

事項索引

ア　行

愛　78, 83–88
アウシュヴィッツ　116
アゴラ（市場）　205
新しい学　37, 39, 45, 46, 49, 52, 55, 56
アテナイ　*v*, *vi*, 187, 200
アトム　20, 22, 104
虻　194, 251

人名索引

ア　行

カ　行

サ　行

タ・ナ　行

▒著者略歴

石崎嘉彦（いしざき・よしひこ）

1948年　京都府に生まれる。

1982年　大阪大学大学院文学研究科博士課程単位取得退学。（専攻/哲学・倫理学）。

現　在　摂南大学教授。博士（文学）。

著訳書　『倫理学としての政治哲学――ひとつのレオ・シュトラウス政治哲学論』（2009年），『グローバル世界と倫理』〔共著〕（2008年），『ポストモダン時代の倫理』〔共著〕（以上，ナカニシヤ出版，2007年），L. シュトラウス『政治哲学とは何か』〔翻訳〕（昭和堂，1992年），R. ノーマン『道徳の哲学者たち〔第二版〕』〔監訳〕（2001年），S. ローゼン『政治学としての解釈学』〔監訳〕（1998年），L. シュトラウス『古典的政治的合理主義の再生』〔監訳〕（以上，ナカニシヤ出版，1996年），L. シュトラウス『自然権と歴史』〔共訳〕（昭和堂，1988年），他。

ポストモダンの人間論

――歴史終焉時代の知的パラダイムのために――

2010年10月18日　初版第1刷発行
2012年 9月13日　初版第2刷発行

著　者　石　崎　嘉　彦
発行者　中　西　健　夫

発行所　株式会社　ナカニシヤ出版

〒606-8161　京都市左京区一乗寺木ノ本町15
TEL (075)723-0111
FAX (075)723-0095
http://www.nakanishiya.co.jp/

印刷・製本／シナノ書籍印刷

＊落丁本・乱丁本はお取り替え致します。

ISBN978-4-7795-0474-7　Printed in Japan

倫理学としての政治哲学
―ひとつのレオ・シュトラウス政治哲学論―
石崎嘉彦

レオ・シュトラウスの政治哲学の核心に迫り、そこに見出される近代性批判の視点から、荒涼たるポストモダンの時代に、知恵と節度の徳を回復させる政治哲学の復権を試みた力作。

五〇四〇円

リベラリズム 古代と近代
レオ・シュトラウス／石崎嘉彦・飯島昇藏訳者代表

古代の哲学的思考の核心を取り出すことによって、疎外された近代的「自由」と近代的合理性を超克する。現代人に「気概」と「節度」を取り戻させる、有徳的な生のための真のリベラリズム論。

四六二〇円

ヘーゲルと現代思想の臨界
―ポストモダンのフクロウたち―
岡本裕一朗

近代を考え抜いたヘーゲルの思想こそ、混迷する二十一世紀を読み解く道標である。通説の虚構性を暴きつつ、ポストモダンを捉え直した、ヘーゲル哲学入門の新基軸。

二九四〇円

倫理空間への問い
―応用倫理学から世界を見る―
馬渕浩二

現実を具体的に論じる応用倫理学の原点に返り、従来抜けていた問題を含む、安楽死、エンハンスメント、環境、世代、海外援助、戦争、資本主義、自由主義の八つの主題に挑む応用倫理学の真髄。

二八三五円

＊表示は二〇一二年九月現在の税込み価格です。